世界基準の教養 for ティーンズ

はじめての 経済学

日本語版監修
池上彰

翻訳
清水玲奈

文　ララ・ブライアン＋アンディー・プレンティス
絵　フェデリコ・マリアーニ

河出書房新社

目次

第1章： すべてが足りない　　13

私たちが生きていくために必要なものを、私たちはどう選んでいる？
時間がいくらあっても足りないのはなぜ？
経済はなぜ存在しているのか、その大きな理由。

第2章： 市場　　23

売買——それはまるで魔法のように価格が決まるしくみ。

第3章： 選択　　37

人はどのように選択する？　なぜ人は時に意外な選択をするんだろう？
企業や政府はどうやって人々の選択を変える？　なぜそうする？

第4章： 生産、利益、競争　　51

企業が迫られる大きな選択とは？　競争はなぜ重要？
なぜ公害を発生させる企業がある？　それをやめさせるには？

第5章： 経済システム　　67

すべてを公平に分配できるようにする規則は存在する？
勝者と敗者がいるほうがいい？
過去に試されたシステムにはどんなものがある？

読者のみなさんへ

　経済学と聞くと、どんなイメージを持ちますか？　さぞかし難しい学問ではないかと思っている人もいるでしょうね。

　確かに研究すればするほど、難しい話になることもあります。でも実は、私たちの身の回りのあらゆることが関係しているのです。

　例えば、毎日の歯磨き。あなたの歯磨き粉は、どこの会社の商品ですか？

　そこには「選択」があります。なぜ、その商品を買い、他の商品を買わなかったのか？

　ほーら、私たちの生活のあらゆるところに選択すべき商品が存在しているでしょう。こんなことを考えていくと、私たちの生き方そのものが問われていることに気づきませんか。そういうことを考えるのが経済学です。

　この本は楽しい絵が満載ですが、じっくり読むと、とても深い内容がスッと頭に入る仕掛けになっています。経済学の世界にようこそ！

池上 彰

経済学って何だろう?

「経済学って何?」と聞かれて思い浮かべるのは、
お金や銀行、それに複雑なグラフかもしれない。でも、答えはもっとシンプルだ。
経済学とは、選択についての学問なんだ。

チョコレート味とパイナップル味のカップケーキが 2 つずつあるとしよう。
4 人いたらカップケーキが 1 つずつもらえる。でもどうやって分ける?

友だちどうしで、
どうやって分けるか
選択しなくてはならない。

全員に配るには数が足りない。
だから、みんなが納得できる
分けかたを選択することが必要になる。

これが、経済学だ。

4

何かの量が、みんながほしがる量に足りないことを**希少**という。

希少性は、経済学でとても重要な要素だ。人々が選択をせまられるのは、何かが希少な時だよね。

君も気づかないうちに、希少なものについての選択をしているはずだよ。

ケチャップが希少なら、こうなる。

ほとんどの人にとって、お金は希少だ。

時間も、希少なことが多い。

5

経済って何だろう?

集団が何をするか、何を買うか、何を売るかを選択する時、**経済**が生まれる。
選択する人々の数によって、とても小さい経済もあれば、巨大な経済もある。

……誰かと一緒に
暮らしている時。

お皿を洗ってくれるなら、
モップがけを引き受けるよ。

……村や町や、
都市に暮らしている時。

通勤は車とバス、
どっちにしようかな。

私たちのコンサート、
チケットが全部売れた!

公園の整備にもっとお金を
使うなら、学校の予算を
減らさなくちゃならない。

店をもう1軒
開くことにする?

……ある国の国民の間で。

国内でこの都市が
特に貧しいのは
なぜだろう？

どこに新しい道路を
建設するべきかな。

雇用を増やすには
どうすればいい？

わが社のアイスクリームを
オーストラリアでも売ろう。

ドイツに引っ越すのは、
今よりいい暮らしが
したいから。

また洪水の被害が出た。
外国に支援を
お願いするしかない。

この問題を解決するには、
みんなが力を
合わせなくちゃ。

「国民経済」や「世界経済」という大きな経済は、より小さな経済、
つまりその中にある家、村、町、都市の経済が集まってできたネットワークなんだよ。

経済学者は何を研究する人?

経済学者は、経済を研究する人だ。個人や少人数の集団の経済を研究する経済学者も、大きな経済をテーマにする経済学者もいる。その中には、びっくりするような疑問を考えて、それに答えようとする人もいる。例えば……

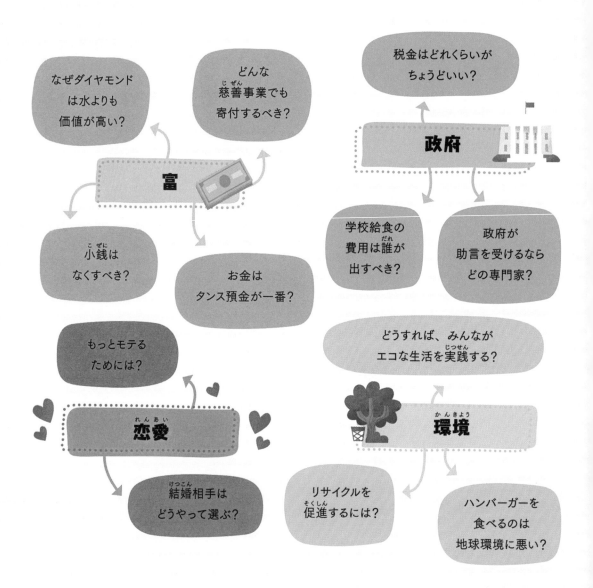

なぜダイヤモンドは水よりも価値が高い?

どんな慈善事業でも寄付するべき?

税金はどれくらいがちょうどいい?

富

政府

小銭はなくすべき?

お金はタンス預金が一番?

学校給食の費用は誰が出すべき?

政府が助言を受けるならどの専門家?

もっとモテるためには?

どうすれば、みんながエコな生活を実践する?

恋愛

環境

結婚相手はどうやって選ぶ?

リサイクルを促進するには?

ハンバーガーを食べるのは地球環境に悪い?

よりよい世界のための経済学

経済学者はこうした疑問の答えを探り、人々、企業、政府がいい選択をするようにうながし、公平でよりよい世界を作るのに役立てたいと願っている。ただし経済学が、人々や政府に「いい」「悪い」のレッテルを貼ることはない。どんな選択がされているかを観察し、その理由を探るのが経済学だ。

どんな人も仕事をするべき？

何歳まで
働くのがいい？

銀行強盗するなら
何時がおすすめ？

長時間働く人は
生産性が高い？

仕事

犯罪

なぜ女性は男性より
給料が安いことが多い？

貧困が犯罪を
もたらすのはなぜ？

犯罪者を
刑務所に
入れるべきか？

なぜ1月はセールが多い？

企業

家族

大企業は
危険？

子どもを
1人持つと
いくらかかる？

一人暮らしと
実家で暮らすのは
どっちがいい？

売上を伸ばすには？

外国人を
信頼していい？

スポーツ

自由貿易で世界
は豊かになる？

貿易

ファンの応援で、
試合結果は変わる？

「絶好調」って
本当にある？

児童労働で作った靴を
買っちゃダメ？

未来

世界から貧困は
なくせる？

ロボットに仕事を
奪われる日は来る？

火星の資源開発で、
世界経済の問題は解決する？

経済学って何をする?

人が特定の選択をする理由は? 選択の結果どうなる?
こうした疑問に答えるために、経済学者は説明を考える。この説明を**モデル**とよぶ。

こんな疑問があるとして　　　　経済モデルを示す

モデル

モデルとは、あるもの（ここでは品質と価格の関係）の動きを単純化して示したものだ。経済学者は言葉ではなくグラフを使ってモデルを示すことが多い。

モデルは今後の予想、すなわち**経済予測**をするのに役立つ。

モデルを試す

経済学者は、すでにある情報、つまり**データ**を用いて、モデルを試すことができる。入手したデータがモデルに当てはまるかどうか確かめるんだ。

経済学とは、議論することだ

すべての経済学者はデータを研究する。
同じデータをもとに複数の経済学者が研究すると、違う結論が出ることもある。

米の配給のおかげで、
多くの家族が飢えずにすみました。
政府が対策に
乗り出してくれてよかった。

配給には何の効果も
ありませんでした。
政府が介入しなくても、時間が
経てば価格は下がったでしょう。

人々の間にいろんな考えがあるのと同じように、社会がどうあるべきかや、どうすれば公平な社会といえるかについて、経済学者の間でも意見が分かれることが多い。この本でも、経済学についての説明や取り上げた例には、著者の**バイアス**、つまりは何が大切かという自分の考えが表れているんだ。世界についてのいろんな意見をここで紹介しよう。君が強く賛成する意見もあれば、反対だと思う意見もあるんじゃないかな。

世界はあまりにも不平等だ。
一部の人だけ他の人より
豊かなのは公平じゃないよ。

大企業は悪者だよ!
中小企業のじゃまをして、
自分たちだけ
大もうけしている。

大企業は悪くない。
競争相手よりも優れていた
からお金をもうけて
成功したんだ。

でも、ある経済学者によれば、この3人の意見はどれも正しいことになるんだよ。

かつてイギリスの経済学者、
ジョーン・ロビンソンは
こう言ったんだ。

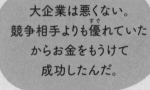
経済学を学ぶのは、
経済学者にだまされない
ようにするためです。

第1章
すべてが足りない

もしも、全員がほしいものをいつでも努力なしに手に入れられるとしたら、たぶん経済学者は存在しないだろう。でも、実際の世界はそうではない。

食料、物、エネルギーなどの**資源**は乏しいし、時間も**希少**だ。その中で、日々、誰もが、どうやって生きていけばいいかを選択し続けている。この問題を研究することが、経済学の基本的な役割なんだ。

生きるための挑戦

食料、水、住居という私たちのニーズは、
人類の祖先が地球上に出現した時から変わっていない。経済学者たちは、
人間がこれらのニーズを満たすために地球の資源を使っている、
つまりは**消費**している行為について考える。

人類の遠い祖先が消費していた資源を見てみよう。例えば……

住居

木材

火打ち石

動物の皮

肉

果実

薬草

魚

水

キノコ

こうした資源が簡単に手に入る時もあるだろう。
でも、資源が希少になることもある。

私たちの身のまわりにあるものは、すべて資源になりうる。
現代の経済は、人類の祖先が消費しなかったようなやりかたで、様々な種類の資源を消費している。
そのいくつかを紹介しよう。

選択のコスト

たとえお金を払わなくても、すべての選択にはコスト（代償）が伴う。
何かを選択することによって、他の選択が不可能になるからだ。
経済学者はこれを**機会費用**とよぶ。誰かにとっての機会費用とは、
その人が何かを選択したせいで選択しなかった物事全部だ。

ほとんどの資源は一度しか使えない。資源の消費によって生じる機会費用は、消費しなければ可能だったその資源の別の使い道すべてだ。

この木材、どうする？

新しい太鼓を作りたいなあ。

でも新しいヤリが必要だ。

燃やそう！寒いから。

時間も希少だ。何かに時間を費やすとしたら、別の何かに時間を使わないという選択をしたことになる。これも機会費用なんだ。

オオカミを調教しに行ってくるね！

誰がわしの世話をするんじゃ？

おなかがすいたよ！

お人形を作ってくれるって言ったのに！

何が正しい選択なのか、迷うことは珍しくない。ほしいものと必要なもののどちらかとか、短期的な得と長期的な得のどちらかを選択しなきゃならないこともある。

ずっと寝ていたいなあ。

でも起きて家族の食料を探しに行かなきゃ。

このハチミツを今全部食べたい。

でも冬までとっておいてもいい。

どれくらいの利益が得られるかを考えて、利益が多いほうを選択することはよくある。
経済学者はこれを**効用**とよぶ。

ある物の効用は、人によって違う。

人間は複雑だから、時にはふしぎな決断をする。
一番効用が大きいのは何かを決めるにあたって、様々な要素が絡んでくるんだ。

一番安全な選択肢は逃げることだけど、女の子は命がけでお父さんを救った。
お父さんが死なないほうが自分にとって利益が大きいと思ったからだ。お父さんはラッキーだったね。

資源を製品に変える

私たちは、資源を使って他の物を作ることがある。これを**生産**とよぶ。
経済学者は通常、生産のプロセスを4つの主要な部分に分けて考える。

1） 何かを生産するには、まず**アイデア**が必要だ。何をどのように作りたいのか？

トラは
困った問題だ。

トラが来ないようにする
しかけを作ろう。

いいアイデアだ！
でもどうやって？

アイデア

2） そこで**資源**が必要になる。

木材をもっと
持ってきて。何を作るかは
それから説明する。

やれやれ、
アイデアが成功すると
いいなあ。

資源

3） 何かを作るのに
やらなくてはならないことを、
経済学者は**労働**とよぶ。

よいしょ！

労働

計算によると、
少なくとも70本は
棒が必要。

労働は、何かを作るために必要な作業だけではなく、すべての仕事を指す。アイデアを考えついたり、リーダーシップをとったりすることも含まれる。時間を使う行為はすべて労働なんだよ。

4） 道具や技術を使うと、仕事が速くなったり、上手（じょうず）にできたり、あるいは危険を避（さ）けたりすることができる。つまり、効率がよくなるんだ。経済学者はこれを**資本**とよぶ。

生産のしくみを見てみよう。

生産 ＝ アイデア ＋ 資源 ＋ 労働 ＋ 資本

新しいアイデア、道具、技術は、人々の**生産性**を高める。
これは、同じ量の資源でより多くの物を、より効率的に作れることを意味する。
経済学者が生産性を研究するのは、人々の生活の向上に役立つからだ。
この一家は柵のおかげで安全に暮らせるようになった。

資源から経済へ

生きていくために必要な物を、すべて自分で作らなければならないとしたら？
世界中の人もみんなそうしなければならないと想像してみよう。
あまり効率的とは言えないよね。だからほとんどの仕事は分業するほうがいいんだ。

経済学者は、仕事を分業することを**特化**とよぶ。

商品の収集や生産を
専門とする人たちがいる。

他人のために働くことを
専門とする人もいる。
こうした仕事は**サービス**とよばれる。

ひとつの仕事に特化して多くの時間を使っていると、効率が上がる。
新しい技術を発明し、より速く生産できるようになることが多い。

近所の人たちの縫い物は、
私が一手に引き受けてる。
今では1時間でシャツが
2枚作れるんだ。

私は発明が得意。
新しい発明品は
「ドア」です！

ある仕事を専門とする人たちは通常、
自分たちが必要とするよりも多くの商品
やサービスを生産する。この余分な生
産は**余剰**とよばれる。

食べきれないほどの
魚がとれた。
余った魚はどうしよう？

余剰は経済にとって不可欠な要素だ。人々は自分の余剰を互いに交換しあう、つまり**取引**することで、他の必要な物を手に入れることができる。

このように品物を直接交換することを**物々交換**という。

現代人はお金を使って取引することが多い。

特化と取引は、規模の大小にかかわらず、すべての**経済**の基盤だ。
数千年前から今まで、それは変わっていない。

 **生産**

  **取引**

 **消費**

生産し、取引し、
消費する人々の共同体なら、
どんなものでも**経済**なんだ。

第2章
市場

アイスクリーム作りから外科手術まで、人々が行うありとあらゆることは、知識、商品、サービス、アイデアの交換によって成り立っている。人々が物を交換するために集まる場所を**市場**という。

何世紀にもわたり、経済学者たちはありとあらゆる種類の市場を分析し、そのしくみを示す様々なパターンを発見してきた。また、いつも公平かつ効率的な取引ができるようにする方法も提唱している。

作る、買う、売る

経済においては製造、販売、購入が行われ、人々はそのおかげでほしいものや必要なものを手に入れることができる。これは単純なプロセスに思えるかもしれないけれど、そのすべての段階で、価値が生まれるという魔法みたいなことが起きているんだ。

例えば、これは2000年前のできごとだ。

岩から何かを作ることで、岩に価値が加わる。

彫刻を取引することも価値を生む。

売り手にとっての価値は、売れた価格と、製品を作るコストの差額である。

価格：コイン40枚
コスト：コイン15枚（道具＋かかった時間）

これに比べて、買い手にとっての価値をはかるのは難しい。買い手が購入から得る効用と、支払った価格の差だ。

取引の成立には、買い手も売り手も利益が得られると信じる必要がある。
また、相手が約束した商品を提供してくれる、または合意した金額を支払ってくれるという**信用**も必要だ。

人々が商品やサービスの交換を求めていても、相手と出会えない限り取引はできない。
そこで人が集まるようになったのが**市場**の起源だ。
古代から、ギリシャの<ruby>アゴラ<rt>・・・</rt></ruby>、中国の<ruby>市場<rt>シーチャン</rt></ruby>、ペルシャの<ruby>スーク<rt>・・・</rt></ruby>／<ruby>バザール<rt>・・・・</rt></ruby>といった市場が開かれてきた。

市場は、買い手と
売り手が<ruby>集<rt>つど</rt></ruby>う場所だ。

売り手と買い手は、
物をその価格のお金と交換する。

友だちみんなに来る
ように言っておいたよ。

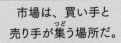
アザールの
アート専門店

シチュー1<ruby>杯<rt>ばい</rt></ruby>は、
コイン1枚！

ZZZ ZZZ ZZZ

おいしい
シチュー

ちょうどいい価格について、
人々の意見は分かれがちだ。

この<ruby>帽子<rt>ぼうし</rt></ruby>
いいね！

そうだね、
でもコイン2枚は
高すぎるよ。

コイン2枚

効用が大きい

効用が小さい

この牛
買う人は？

コイン
10枚！

20枚！

羊
コイン
15枚

50枚で
どうだ！

この羊は
お買い得だね！

この買い手は牛がほ
しい気持ちが強いか
ら、高い価格でも払
いたいと思っている。

あなたはいいかも
しれないけど、
私には買えないなあ。

ほしいだけでは十分ではない。
お金を払える人しか買えないんだ。

25

市場はたくさんある

市場は、露店が並ぶ場所とは限らない。
いろんな種類の市場があるよ。この絵の中には、
日常的によく見られる市場の例が6つ出てくる。

ミスター・スイッシュ時計店

OPEN

この腕時計は月でも
使えることが科学的に
証明されています。

すばらしい！

証券取引

この靴
買おうかな？

買ったら？

聖アンナ学院
1986年創立

今日が初出勤
なんです。

がんばって！

届くのに時間がかかるんだ。
カナダから送られてくるから。

このカードほしいなあ。
これと交換してよ。

でもキャプテン
だからもっと
価値があるよ。

わかった、
お菓子もつけよう。

じゃあいいよ！

店は市場だ。

オンラインの市場だってある。世界中の買い手と売り手がつながるウェブサイトやアプリがそうだ。

スポーツのカードを交換する非公式な市場では、買い手がお菓子とカードをお金の代わりに相手にあげた。

教師にとっての学校など**職場**も市場だ。人々は、給料と仕事を交換する。*

証券取引所は、人々がコンピュータを通じて、「株式」とよばれる企業の一部を売買する場所。株式の市場は**株式市場**とよばれる。

物の不法な売り買いを**ヤミ市場**とよぶ。

*先生は給料がもらえる。子どもは勉強が仕事だけど、給料はもらえない。これってずるくない？

27

需要と供給

どんな市場でも、人々が**買いたい量と売りたい量**（これを需要と供給という）は、
通常、一定のパターンに従っている。
経済学者はこれらのパターンを**需要と供給の法則**とよぶ。

この絵は、同じ品質のサンドイッチが違う価格で売られている市場だ。
ここでも、パターンがあるかどうかを見てみよう。

できるだけ安いサンドイッチを買いたいという人が多く、
高いサンドイッチを買いたい人は少ない。
価格が安いほど、買う価値があると考える人が多いからだ。

経済学者は、価格と需要の関係をこんなグラフに表す。

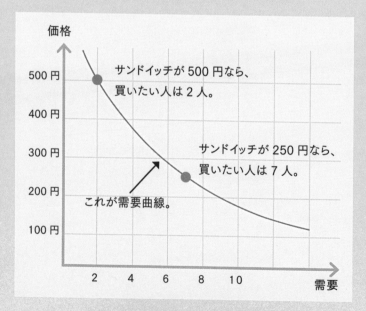

価格

500円　サンドイッチが500円なら、
　　　　買いたい人は2人。

400円

300円　サンドイッチが250円なら、
　　　　買いたい人は7人。

200円

これが需要曲線。

100円

2　4　6　8　10　　需要

需要の法則

価格が高いほど、
需要は低くなる。
価格が低いほど、
需要は高くなる。

人々が**供給**しようと思う量も、価格または報酬によって変わる。

例えば、詩を対象にした文学賞で、賞金額が高い年は応募数が多かった。

報酬、つまり価格が高額になるほど、より多くの人が詩を応募するようになる。

このグラフは価格と供給の関係を示している。

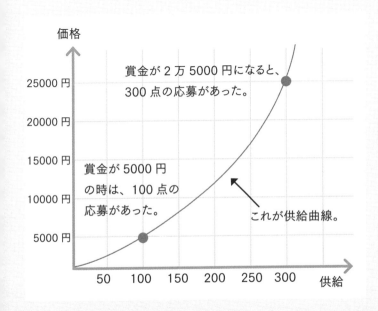

価格

賞金が2万5000円になると、
300点の応募があった。

25000円

20000円

15000円

賞金が5000円
の時は、100点の
応募があった。

10000円

これが供給曲線。

5000円

50　100　150　200　250　300　供給

供給の法則

価格が高いほど、
供給は多くなる。
価格が低いほど、
供給は少なくなる。

29

価格は人々にどう反応する?

価格は、人々がどれだけ買いたいか、どれだけ生産したいかに影響を与える。
さらにその逆も成り立つ——人々がどれだけ購入し、
どれだけ生産するかによって、価格も変わるんだ。

需要よりも供給が多ければ、「価格を下げるように」というシグナルが売り手に送られる。

需要よりも供給が少なければ、「価格を上げるように」というシグナルが売り手に送られる。

時間が経つにつれて、需要が供給と同じになるまで価格は変動する。これが均衡価格だ。

これが、ちょうどいい価格だ。売り手にとって安すぎず、客にとっては高すぎない。
しかも、マンゴーがむだになることもないよ。

このような市場では、価格の見直しは、誰かが1人で行うものではない。
生計を立て、最良の取引を得ようとする買い手と売り手による様々な決断が合わさった結果なんだ。
経済学者がこのプロセスをどのように理解しようとしてきたか、紹介しよう。

18世紀、スコットランドの経済学者アダム・スミスは、このプロセスを市場の「**見えざる手**」という言葉で表した。

誰かが命令しなくても、市場は自然と人々のほしいものを用意し、提供する。

約100年後、イギリスの経済学者アルフレッド・マーシャルが、スミスの「見えざる手」という考えかたを発展させた。

需要と供給の双方は、ちょうどハサミの両刃のようにともに作用して、価格を定める。

マーシャルは「需要と供給がグラフ上でともに作用する」という考えかたを示す、いい方法を考えついた。

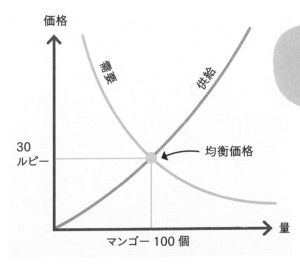

需要曲線と供給曲線が交わる点があり、この時の価格が均衡価格です。均衡価格では、需要は供給と等しくなります。

価格
需要
供給
30ルピー
均衡価格
量
マンゴー100個

変動する市場

需要と供給が変わるのは、価格のせいだけではない。

自転車を例にとって考えてみよう。自転車の需要と供給は、いろんな理由で変動する。

需要よりも供給が多ければ、「価格を下げるように」というシグナルが売り手に送られる。

流行

多くの人が健康的な暮らしをするようになったので、自転車の需要は上昇している。

需要

製造コスト

電気代が上がれば、自転車を作るコストが増え、供給が減る可能性が高い。

供給

その他の交通手段の価格

バスの料金が上がれば、自転車に切り替える人が増えるかもしれない。つまり、需要が増える。

需要

バスチケット
1回 10000 円

需要

需要

天気

寒さが厳しい日は、自転車の需要が減るだろう。

供給元の数

新しい自転車店がオープンすれば、自転車の供給は増える。

供給

OPEN OPEN

これらの変化をすべて見た時、自転車の全体的な需要と供給が増えたのか減ったのかを判断するのは難しい。こういうわけで、企業が需給（需要と供給）を管理するのは簡単ではないんだよ。

結局、自転車を製造する台数を減らせばいいの？増やせばいいの？

どれくらい変化する?

変化にとりわけ大きな反応を示す商品がある。

パンと自転車について、価格が2倍になったら需要がどうなるかを想像してみよう。

パンは、需要がそれほど大きくは落ち込まないだろう。パンはよく食べるものだから、多くの人が買い続けるはずだよね。この時、需要は**非弾力的**であるという。

自転車は、需要が大きく落ち込むだろう。誰も毎日買う必要はないものだし、買うのを先延ばしにする人が多そうだ。この時、需要は**弾力的**であるという。

企業は価格の変更を決める前に、客たちが価格の変更にどれくらい敏感かを調べるのがふつうだ。

市場モデル

モデルとは、何かのしくみの説明だ。需要の法則や供給の法則もモデルであり、価格が設定される複雑なプロセスを、シンプルに説明する。
とはいえ、現実の世界は、モデルみたいにスムーズにいかないことが多い。
例えば、買い手と売り手がお互いのシグナルに反応するまでに長い時間がかかることもある。
それでも、法則はいろんな状況を説明するのに役立つ。例えばこんな場合だ。

どうして学校のまわりは決まった時間に道路が渋滞するの？

親が子どもを送り迎えする時、道路の利用の需要が、道路のスペースの供給よりも大きいからだよ。

なぜ都会の小さなアパートは田舎の大きな家より高いの？

都市の住宅は需要が高くて、供給が少ない。
だから、家の値段は田舎より都市のほうが高い。

モデルは問題解決にも役立つよ。

若者が仕事を見つけられるようにするには？

若者の職業訓練に投資する企業を政府が資金援助すれば、若い労働者に対する需要が増えるかもしれません。

レジ袋の使用を減らすには？

レジ袋の有料化がひとつの方法です。多くの国で実施したところ、需要が大幅に減っています。

市場の固定化

どんな市場でも、企業（きぎょう）は買える人に製品を売る。
これは当たり前に思えるかもしれないけど、
実際には、公平で、安全で、効率的な売り買いがいつもできるとは限らない。
問題が起きた場合を**市場の失敗**とよび、そうなると政府が介入（かいにゅう）することが多い。

市場の失敗

何かが**不足**すると、価格はどんどん上がる。こうなったら、高くて買えない人は大変だ。特に水のように必要不可欠なものであればなおさらだ。

市場の失敗

学校や消防はとても重要なサービスだが、多くの人は自分でそのお金を払う余裕（はらう よゆう）がない。

解決策

干ばつになったら、政府は「すべての人に毎日一定量の水を無料で提供する」と決めるかもしれない。

無料の水。
1人1日2本限定。

解決策

多くの政府は、お金を払える人も、払えない（ふく）人も含むすべての人に、こうしたサービスを提供する。

市場の失敗

ある企業が資源の主要な、あるいは唯一（ゆいいつ）の供給者である場合、その企業は消費者に対して大きな力を持つようになる。

靴（くつ）1足に5万円？
そんなバカな！

¥50000

お気の毒に！
でも、売り手が僕（ぼく）だけ
だからしかたない。

解決策

政府は、超（ちょう）大企業から顧客（こきゃく）を保護するため、また企業が強大になりすぎる（そし）のを阻止するために規則を定めている。くわしくはp.60を見てみよう。

市場の失敗

街灯などの資源のために人々一人ひとりからお金を取るのは効率が悪い。企業がこのサービスを提供しようとしてももうからない。

解決策

政府がすべての人のために街灯を設置し、管理する。

市場の失敗

生産と消費が引き起こす**悪影響**（あくえいきょう）に、誰（だれ）も責任を取ろうとしないことがある。自動車工場からの公害がその一例だ。

解決策

解決策のひとつは公害税だ。工場に公害を減らす対策をするようにうながす。

煙突（えんとつ）から出る空気をきれいにするフィルターを買えば、税金を払うより安いだろう。

このような種類の市場の失敗については、p.64-65 も見てみよう。

市場の失敗

売り手は消費者よりも商品の**知識が豊富**なことが多い。だから、消費者はだまされやすい。

ほぼ新車

解決策

5 年の中古車

政府は、企業が製品についての情報を提供するように法律を定めればいい。

市場の失敗

人々がほしがる量が十分であれば、それが買い手や他の人々にとって危険なものでも、進んで供給しようという企業が現れる。

解決策

18 歳（さい）以上限定

政府は法律で、花火などの危険物を購入（こうにゅう）できる人を制限するかもしれない。

第**3**章

選択

人間の選択の背景にある複雑に絡みあった理由を理解
しやすくするために、経済学者は単純化した**モデル**を使
うことがある。このようなモデルでは、「人は最大限の効
用を得るために、利己的に行動する」と仮定することが
多い。第2章の市場モデルもそうだよ。

でも、1970年代以降、人々が実際にどのように選択す
るのかをきちんと理解するために、その複雑な理由を説
明しようとする経済学者たちも現れた。これらの経済学
者の考えでは、人々はしばしば非論理的だし、十分な
情報を得ていないし、迷信やバイアスをたくさん持ってい
る。この分野は**行動経済学**として知られている。

モデル行動

有用な経済理論の多くは、「人は選択するたびに慎重に検討し、
常に最大の効用を追求する」という考えに基づいている。
これを説明するために、経済学者は**ホモ・エコノミクス**
（古代ローマの言語であるラテン語で「経済人」を意味する）とよばれるモデルを用いる。

ホモ・エコノミクスは、
まるで計算機ロボットだ。
決断を下す際には、すべての選択肢の
費用と利益を慎重に計算する。

僕ハ、イツモ、
自分ニトッテ
最高ノ決断ヲスル。

ホモ・エコノミクスが、道にサイフが落ちているのを見つけたらどうなるだろう？

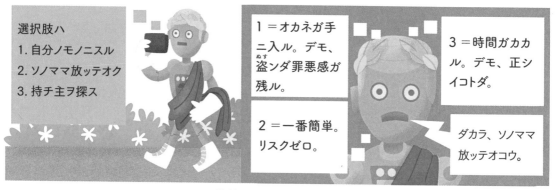

選択肢ハ
1. 自分ノモノニスル
2. ソノママ放ッテオク
3. 持チ主ヲ探ス

1 ＝オカネが手
ニ入ル。デモ、
盗ンダ罪悪感が
残ル。

2 ＝一番簡単。
リスクゼロ。

3 ＝時間ガカカ
ル。デモ、正シ
イコトダ。

ダカラ、ソノママ
放ッテオコウ。

ほとんどの人は、毎回このような精密な分析の通りに意思決定をするわけではない。
経済学者たちもそれは知っているけれど、
「多くの人々が平均的にどのような選択をするか」を正確に予測することは可能だ、と考えているんだ。
どんなに小さな決断であっても、私たちの決断はすべて利己的な計算に基づいている、
と主張する経済学者も、少ないけれどいる。

知らない人に
サイフを返しても、
何の得にも
ならないよね。

完全に
他人のための
行為じゃない？

私は利己的だと思う
な。自分がいい気分
になれる行動を
選んだんだから。

罪悪感が残る
のが嫌なのかも
しれないし。

超利己的？

行動経済学者によれば、ホモ・エコノミクスを使ってすべての選択を説明するのは非現実的だ。人々が実際には常に利己的に考えているわけではないことを示すために、テストを使う。有名なテストに「最後通牒ゲーム」がある。

> こんにちは、フランクとナンシー！「最後通牒ゲームショー」にようこそ！

> フランク、あなたが提案者です。1万円をナンシーと分けるとしたら、いくらあげるか提案してください！

> ナンシー、あなたは応答者です。フランクの提案を受け入れるかどうかは、あなた次第です。

> ただし、フランクの申し出を断れば、2人ともお金は一切もらえませんから、ご注意を！

> 僕が9900円、ナンシーが100円でどう？

> お断り！不公平すぎるよ！

フランクは真のホモ・エコノミクス（経済人）として行動している。
ナンシーも同じようにお金に執着していたら、フランクの申し出を受け入れただろう。
結局のところ、100円もらえるのは、0円よりはましだからね。
でも、実際にたくさんの人にテストをした結果、提案者は100円よりずっと高い金額を提示することが多く、そして応答者はたとえ4000円の提示でも拒否することが珍しくなかった。
つまり、公平にふるまうことと、公平に扱われることが、お金よりも大切だと考える人が多いんだ。

最後通牒ゲームの実験はチンパンジーでも行われたことがある。チンパンジーも人間と同じように公平さを求めることがわかった。

インセンティブ

報酬（ほうしゅう）がもらえるという約束、罰（ばつ）が与（あた）えられるという脅威（きょうい）など、
選択（せんたく）の動機となるものはすべて**インセンティブ**とよばれる。

インセンティブは、他人、社会、政府から与えられる。

お金はよくあるインセンティブ
だ。人は給料がもらえるから
仕事をする気になる。

刑務所（けいむしょ）に入れられるという
脅（おど）しは、犯罪を起こさない
ための強力なインセンティ
ブになりうる。

試験でいい結果を出したいと
いう気持ちは、一生懸命（いっしょうけんめい）勉
強するインセンティブになる。

個人的なインセンティブもある。「私が行動する動機になるのは何？」と考えればいい。

お金もうれしいけど、
仕事をやり遂（と）げることに
誇（ほこ）りを感じる。

友情を大切にしたいから、
友人を裏切るよりも刑務所
に入るほうを選んだ。

本を読むのが
大好き。

様々なインセンティブの間でどのようにバランスを取るかは、自分で決めなければならない。
例えば、高給で退屈（たいくつ）な仕事をあえて選ぶ人がいる。
その反対に、不安定でも、楽しさややりがいのある仕事がいいという人もいるだろう。

選択に影響を与える

政府や企業は、人々の選択に影響を与えようと、常にインセンティブを利用している。
例えば……

コーヒーショップのポイントカードは、リピーターが得するためにある。

有名人がある商品をおすすめすれば、その有名人を好きな人々がそれを買うインセンティブとなる。

政府は、環境汚染の原因になっている企業への課税を引き上げることがある。環境に配慮した技術の使用をうながすためだ。

政府は、新技術の開発をうながすために、発明に対して賞金を設けることがある。

今日のニュース
核融合技術の大発明に賞金

政府がインセンティブを使って国民の行動を変えようとする時には、細心の注意が必要だ。
インセンティブの設計を間違えると、ねらい通りに行動を変えられないかもしれない。

献血は今日の医療でとても重要な役割を担っているけれど、献血する人数が十分に集まらないことが多い。

……ところが、いくつかの研究では、献血者に報酬を支払うと、献血が逆に減少することが示されたんだ。

＋
献血したら5000円
差し上げます！

とんでもない！
私はお金のために献血はしない。

献血したらお金をもらえることにすれば、
献血する人が増えそうだよね……

ほとんどの人にとっての献血のインセンティブは、「思いやりのある慈善行為をした」という満足感だ。お金がもらえることが献血の主なインセンティブになれば、この満足感は失われる。

私たちはいつも どうやって選択をしているかな？

アイスクリームが食べたくなったとしよう。いろんな選択肢を、慎重に考えるかもしれない。

コーン？　カップ？
アイスキャンディー？

どれくらい遠くまで行こうか？
まあまあのアイスなら 10 分？
おいしいアイスなら 30 分？
絶品アイスなら 1 時間？

何味にする？
チョコレート、ストロベリー、
バニラ、チェリー、バナナ、
ミント、キャラメル、クッキー、
アーモンド…

2個？　4個？
9個?!

わあ！
決められないよ !!

アイスを食べるには
ちょっと寒くない？

フローズンヨーグルトの
ほうがよくない？

トッピングは
チョコレートソース？
カラフルシュガー？
チョコチップ？

予算はいくらにしようかな？
ふんぱつ？　節約？

晩ごはんが
食べられなく
ならないかな？

選択するたびにこんなプロセスを踏んでいたら、何もできないだろうね。
だから、ふつうは論理に基づいて選択するわけではないんだ。あまり深く考えることなく、ただ**経験則**にたよって、すぐに決めてしまう。

いつもと同じ、コーンの
バニラアイスにしよう。
だって、おいしいからね。

時間をかけずに選択すれば効率はいいけれど、払わなきゃいけない代償もある。
行動経済学では、すぐに決めた時に発生しがちな多くのバイアスが特定されている。
バイアスは選択に影響を与える。ただし悪い影響とは限らない。

利用可能性バイアス

人は一番簡単で、最初に思いつくものを選びがちだ。

類似性のバイアス

人は、前に経験したことや見たものに合うものを選ぶ傾向がある。

ハーディング現象

人は他人と同じ決断をすることに安心感を覚える。

バイアスによる影響

ハーディング現象は、**バブル相場**を引き起こす可能性がある。つまり、みんなが同じものを同時に買おうとする結果、価格が急激に上がることがあるんだ。
また、みんなが同じものを同時に売ろうとすることで、**暴落**が起きることもある。暴落の結果どうなるかについては、p.84を見てみよう。

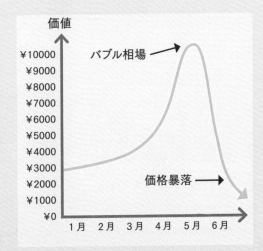

人はどう判断する?

選択する時に、ありとあらゆる選択肢を慎重に検討していると自分では思っていても、
人間はバイアスに左右されるものだ。例えば……

何かが自分の所有物になると、
その前より価値を過大評価する傾向がある。

これを**保有効果**とよぶ。

ほぼありえないできごとが起きる可能性は、
過大評価することが多い。

実際には、
宝くじで大当たりする確率は、
雷に打たれる確率の
たった150分の1。

専門家の予測能力は過大評価されがちだ。

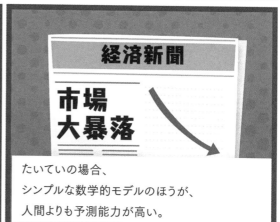

たいていの場合、
シンプルな数学的モデルのほうが、
人間よりも予測能力が高い。

人が何を選択するかは、選択に関する情報がどのように示されるかにも大きく影響される。
このバイアスを**フレーミング効果**とよぶ。
売り手は、お客にもっとお金を使わせるために、常にこれを利用している。

「ポップコーンを2つのブランドから選べる」
という選択肢を示されると、
3分の2の客は安いほうを選び、
3分の1の客は高いほうを選んだ。

でも、目くらましのためにさらに高価な3つ目
の商品をメニューに加えると、
以前は高価な選択肢だった真ん中の
価格の商品を90％の人が選ぶようになった。

企業は目くらましのために高価格の商品を投入するんだ。
すると人々はだまされて、ほんの少しだけ安い商品を買い、しかも得をしたような気にさえなる。

ナッジ

人間のバイアスを利用する上で、もっと好ましい（とされる）方法がある。設計されたしくみによって、その人のためになる選択をうながすんだ。これを、**選択アーキテクチャ**、または**ナッジ**とよぶ。

学生たちが健康的な食生活を送るにはどうすればいいかを調べた経済学の実験がある。それによると、ジャンクフードを禁止しなくてもいいことがわかった。ただ新鮮な野菜や果物を目の高さに置くだけで、学生たちはそれまでよく食べていた揚げ物ではなくサラダを選ぶようになったんだ。

リスク

選択した結果が、思った通りにならない可能性があるよね。これを**リスク**とよぶ。
例えば、この人は新しい髪形にした場合のリスクをてんびんにかけている。

> 今日は
> どうしましょうか？

> ベリーショートにして
> みたいけど、今の髪形とは
> 全然違うからなあ。
> 後悔したくないし。

選択にあたっては、リスクと潜在的な報酬を比べるものだ。

	ベリーショート	金髪に染める	毛先をそろえる
私の髪形			
後悔のリスク	かなり大きい	中くらい	小さい
報酬	夢だった髪形	イメチェン	無難

> 勇気を出して、
> ベリーショートにしよう！

この人にとって、ベリーショートは大きなリスクだけれど、
潜在的な報酬は無視できないほど大きかったんだ。

> どう、
> すてきでしょ！

> 最高！
> うらやましいなあ。

> 本当に！

> 最悪。

どの程度のリスクを許容するかは、個人の
選択だ。リスクを好む人や企業もあれば、
リスクを避ける人や企業もある。でも、とて
も大きな報酬が得られるという見通しには、
ふだん慎重な人でも誘惑されて、現実性
のない夢を追う決断をすることがある。

あなたはリスクについてどう感じている?

人々は常にリスクと報酬をてんびんにかけているけれど、いつも一貫した方法でそうしているわけではない。
例えば、損をしているか得をしているかでギャンブルに対する態度を変えるんだ。

こんな実験がある。

どちらの箱を
選びますか?

A の箱
必ず 9 万円が
当たります!

B の箱
90%の確率で
10 万円が当たります!
（10%の確率で
なんにも当たりません）

今度はどうですか?

C の箱
必ず 9 万円を
払わなくては
なりません。

D の箱
90%の確率で
10 万円を払われなくて
はなりません。
（10%の確率でなんにも
払わなくてかまいません）

結果

最初のゲームでは、大部分の人がリスクの少ない A の箱を選んだ。
でも次のゲームでは、より大きなリスクがあるのに、D の箱を選ぶ人が多い。
損をするリスクを少しでも避けられたらと願うからだ。

人は、勝つのを好む以上に、負けるのを嫌うらしい。だ
から、負けるのを避けるためなら、より大きなリスクを負っ
てもいいと考える。政策も、人々のいい行為に報酬を与え
るより、悪い行為を罰するほうが効果的なんだよ。

人々は、
お金を失うのが
心底嫌いらしい。

集団での意思決定

ある資源を集団で共有する場合、自分たちにとって理にかなった選択をする時でも、
トラブルが起きる可能性がある。
例えば羊を飼っている村では……

村人たちは羊の群れを、
共同の牧草地で放牧している。

羊は肥え、村人たちは豊かになる。
村人たちはさらに多くの羊を飼う。

自分の羊をたくさん放牧すると、
他の人の羊の牧草がなくなるという
事実を誰も考えない。
草がなくなり始める。

やがて草はなくなり、羊もいなくなる。
誰にとっても損失になり、村人たちは貧しくなる。

このような悪い結果は現実の世界でも起きる。
複数の人々、町、あるいは国全体が資源を共有する場合、しばしばその資源を過剰に利用してしまう。
経済学者はこれを**コモンズの悲劇**とよぶ。例えば……

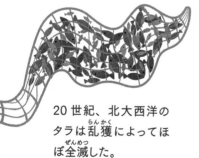

20世紀、北大西洋の
タラは乱獲によってほ
ぼ全滅した。

車で通勤する人が多すぎて、
道路が大渋滞し、誰もどこに
も行けなくなる。

各国が二酸化炭素を大量
に大気中に排出し、気
候危機を起こしている。

48

アメリカの経済学者エリノア・オストロムは、このような状況を防ぐ方法を研究し、2009年、女性として初めてノーベル経済学賞を受賞した。オストロムが提唱した解決策は、人々が互いに話をするようにうながすことだ。

資源を使いすぎないよう強制する法律を定めても、効果を発揮するとは限らない。このような法律に実効性を持たせるのは難しく、法律を無視する人が珍しくないんだ。

オストロムは世界中を回り、人々が共通の資源を分けあうことを求められているコミュニティを調査した。

オストロムは、隣人たちがみんな資源の近くに住み、互いに話をする間柄の場所では、資源がうまく共有されていることを発見した。

そこでは、資源を使いすぎることもなかった。隣人との会話が多ければ多いほど、コミュニティの運営はうまくいく。

結束の強いコミュニティほど、そこに暮らす人たちはよりよい選択をする。人々が互いを知り、信頼し、どのように行動するべきかを知っていれば、利己的な行動を取りにくくなるというわけだ。

でも、地球を救うにはどうすればいいんだ？ 70億人全員が隣人どうしにはなれないよね。

その通り。そんなの無理だよね。

でもすぐにできるのは、自分が暮らしているコミュニティの中で密接に協力しあうこと。さあ、木を植えるのを手伝って！

至高の名作、T型フォード

アメリカで
最も信頼される
自動車

かわいい
ベア！

コーヒー店ジョー

第4章
生産、利益、競争

ほとんどの人は、ほしい物や必要な物を他の人や**企業**
から買う。企業は、できるだけ多くの顧客をひきつけよう
と、互いに**競争**する。成功した企業は、支出よりも多く
のお金を稼ぐ。これは**利益**として知られている。

企業主は、競争を成功させ、一定の利益を上げたいと
望むなら、様々な選択をしなければならない。

企業って何をする？

企業は形態も規模も様々だが、すべての企業の共通点は、
人々が必要とする商品やサービスを生産し、生産したものをお金に換えるということだ。

すべての企業はお金を使い……

企業が製品を生産して販売するために使う
お金は、**コスト**とよばれる。

テディベアを作るには、
わたやガラスの目玉などの
材料を買わなくては
ならない。

株式会社メガベア

すでに支払われたコストは、
サンクコスト（埋没費用）とよばれる。

コストの中には、事業がどれだけ製品を生産す
るかによって**変動**するものもある。生産量が増
えれば、これらのコストは上昇する。

材料費　ガラスの目玉

賃金

倉庫代

コストのうち、
生産する製品の数量に左右されないコストは
固定費とよばれる。

賃料　　借金の利息

マネージャーの給料

かわいいベア!　広告費

……そして、お金を稼ごうとする

製品が売れた時に企業が受け取るお金が、
収益だ。

イスが5万円で
100脚売れたから、収益は
500万円になったよ。

すべての企業は利益を上げようとする

利益とは、ビジネスの収益からすべての費用を支払った後に残るお金のことだ。
企業経営においてはこれがインセンティブとなって、人々はリスクをおかし、労働する。

収益－コスト＝利益

メガベア社は今年10億円分のテディベアを販売した。コストは9億円だったから…

十分な利益が出た！

ジェニーのイス工房（こうぼう）

500万円の収益があったけど、コストが550万円だから…

赤字だね。

すべてのビジネスは競争に直面する

ほとんどの市場で、企業は顧客（こきゃく）を得るために激しく競争しあう。
ライバル社の製品ではなく、自社の製品を選んでもらいたいからだ。

メガベア社の成功の秘訣（ひけつ）？最高の品質のテディベアを作り、お客さまの信頼（しんらい）を得ることです。

ぼくがかわいいのも大事。

買ってもらうためには、値下げして競争に勝つしかない。

価格を下げれば、需要（じゅよう）は高まるんだ！

大企業と中小企業

企業が大きくても小さくても、利点と欠点がある。

中小企業は……

組織が単純だから、経営が楽。

市場の変化にすぐ対応できる。

今週はどんなアイデアを試そうか？

リサイクル合板を使ってみようよ。

ユニークな工夫のある製品で、大手との競争を避けられる。

段ボールをリサイクルしたイスのシリーズを売り出そう！

ジェニーのイス工房

中小企業の欠点として、別の企業にお金を払って何かをしてもらう必要がある。

イスの配送は別の会社にお金を払ってやってもらうしかない。

メガベア社の配送を引き受けています！

大企業は……

製品デザインから広告、流通まで、経営上必要なものはすべて自社で生産し、管理できる。

なぜなら、製品は生産量が多いほど安く作れるからだ。
これが、大企業が大きな利益を生み出せる理由のひとつだ。そのしくみは……

労働者の作業と工程を特化すると、効率がいい。

原材料は大量仕入れだと安く買える。

ガラスの目玉

わた

税金や賃料などの固定費が、より多くの売上に分散される。

これら規模が大きいからこそその現象を**規模の経済**とよぶ。

大きければ大きいほどいい？

一定のレベルを超えると、企業の拡大は割に合わなくなる。
コストが再び上 昇し始め、収益は低下するからだ。これを**規模の不経済**とよぶ。
巨大化した企業に共通する問題は……

経営が難しく、変化を起こしにくくなる。

社内の部門が多すぎて、横の連絡がつきにくい。

社員は正当な評価をされていないと感じ、やる気を失いがちだ。

株式会社メガベア

スヤスヤ　ペチャ　クチャ

たくさん作ればいいわけじゃない

最大の利益を上げるためには、
どの企業もできるだけ多くの製品を生産しようと考えそうだよね。
でも、ここでもやはり、物事はそう単純ではないんだ。

今週はリサイクル合板のイスが5脚売れた！10万円の利益だ。

もしも1000脚売れたら、どんなに利益が出るだろう！

1週間に1000脚もイスを作るなんて無理！新しい職人を何人も雇って、倉庫を買って、腕があと2本くらい生えてくれば別だけど。

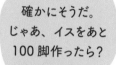

確かにそうだ。じゃあ、イスをあと100脚作ったら？

オーダーメイドのイス
¥30000

大量生産のイス
¥3000

今までの価格で100脚の需要はないでしょう。100脚の買い手を獲得するには、すべてのイスの価格を大幅に下げないとね。結局、もうからないかも。

はいはい、わかったよ。でも、少しは生産量を増やそうよ。何脚作ればちょうどいいかな？

経営の規模をどこまで拡大すべきかの判断を間違って、失敗する企業は少なくない。
成功する企業はあと1個だけ多く生産した場合のコストと潜在的な利益を見極めて、
ちょうどいい生産量を決める。このように次の小さなステップを研究することを**限界分析**という。

1. もう1脚イス を作るべき？

↓

2. イスの生産量を 1脚増やすコスト を計算する。

3. いくらで売れる か、自社のイス 全体の価格への 影響を考える。

→

4. まだ利益は 出る？

→ はい → **イスの 生産量を 1脚増やす。 質問1.に戻る。**

↓

いいえ → **生産量を 増やすのは やめる。**

人々は日々、時には自分でも気がつかないうちに、限界分析を使って選択をしている。

例えば……もっと夜ふかしをして新しいゲームをするべき？

> このゲーム面白すぎ！ 徹夜で 最後までやっちゃえ。

> 明日は 数学のテストだよ。 寝不足じゃ大変だ。

> ふう…… 2時になったら寝よう。 5時間は眠れるから。

> もうやめたら？

限界分析に基づく決断をするのは生産者だけではなく、消費者も同じだ。

例えば、ハンバーガーをおかわりするべきかどうか？

> ぜひ、もう1個 いかがですか。 半額にしますから！

> やめとくよ！ もう3つ食べたから おなかが苦しい。

量を多く消費するほど、効用は 下がる傾向にある。最終的には、 たとえ価格が下がったとしても、 もっと多く消費することの価値は なくなる。

競争

競争により、消費者にとっては製品が安くなり、選択の幅が広がる。
また、経済をより効率的にする。
競争市場のしくみを見てみよう。

ある企業が好調なら、他の企業も同じ製品やサービスの生産に乗り出そうと考えるようになる。

ライバル企業は、買い手をひきつけるために価格を下げることが多い。すると、もとの企業も価格を下げざるを得なくなる。高すぎると誰も買わなくなるからね。これを**価格競争**とよぶ。

やはり顧客をひきつける方法として、よりよいサービスを提供するか、効率を上げることも考えられる。資源を上手に使い、むだを省けば、ライバルよりも優位に立てるんだ。

失敗の代償は大きい。
競争力のない企業は長続きしない。

では、どうすればライバルから身を守れるのだろう。価格競争から逃れたいからこそ、
企業は新しいアイデアを試し、よりよい製品を販売しようと努力するようになる。

技術

新技術や新製品を発明すれば、
企業は競争に勝てるかもしれな
い。例えば、100 年以上前に自
動車が発明されると、馬による輸
送は衰退した。

品質

高品質の製品を作れば、企業は
ライバルとの差別化をはかれる。
高品質だと評判になった企業は、
価格を高くできる。

生産性

生産性の高い企業は、ライバル企業よりも速く、安く製品を作れる。
例えばヘンリー・フォードは 1913 年に自動車工場で**組立ライン**を発明し、安い車を売り出した。

広告

人は、話に聞いたことのある製品
を買う可能性が高い。だから、
広告によって顧客に働きかける企
業は、広告費はかかるけど、業
績がよくなる。

競争は、新しい革命的な商品開発や、よりよい経営をうながす。
しかし廃業 につながることもある。
このプロセスは**創造的破壊**とよばれ、多くの国で、このために職を失った人々を政府が支援している。

独占
どくせん

あなたが世界中のココアの原料を所有していて、売る量も値段も自由に決められるとしよう。ある企業がこのように市場を完全に支配することを**独占**という。
きぎょう

独占では競争がないため、商品の種類は少なく、価格も高くなるのがふつうだ。これも市場の失敗の一例なんだよ。

独占は悪いこととは限らない。独占が望ましい場合もある。

もしも水道会社8社がどれも、水道管を造り、あなたの家に水を供給しようとしたとする。

競争が非効率的、または不可能な場合もある。これを**自然独占**という。その場合、政府が消費者を保護し、ちょうどいい価格を維持する必要がある。
いじ

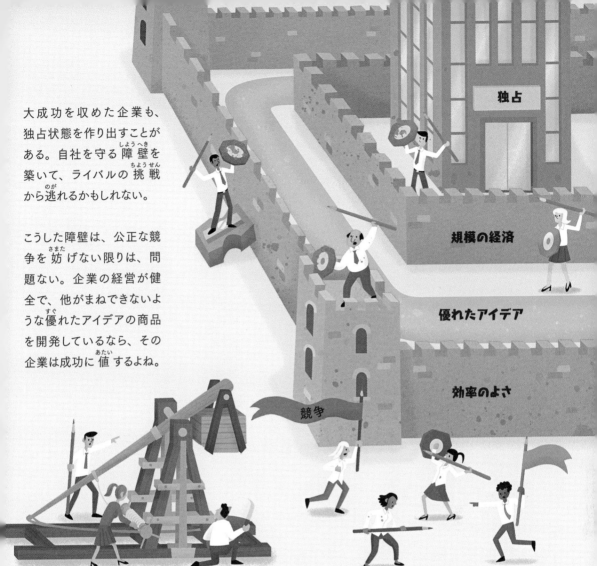

大成功を収めた企業も、独占状態を作り出すことがある。自社を守る障壁を築いて、ライバルの挑戦から逃れるかもしれない。

こうした障壁は、公正な競争を妨げない限りは、問題ない。企業の経営が健全で、他がまねできないような優れたアイデアの商品を開発しているなら、その企業は成功に値するよね。

独占

規模の経済

優れたアイデア

効率のよさ

競争

独占の規制

企業がライバルに対して公正でない障壁を作ろうとすることもある。
その場合、市場を規制し、他の企業にも競争の機会を確保するのは政府の役目だ。
こういう規制は競争法（不正競争防止法）として知られ、不当な障壁を違法とする。

アメリカの電話事業者 AT&T は、国内のすべての電話回線を所有していた。1982 年、政府がこれを公正さに欠ける独占状態と判断したことから、AT&Tはベビーベルとよばれる 7 つの小さな会社に分割され、互いに競争するしかなくなったんだ。

ベル・アトランティック社

アメリテック社
ナイネックス社

US ウエスト社

パシフィック・テレシス社

ベル・サウス社

サウスウエスタン・ベル・コーポレーション社

寡占市場
かせん

多くの場合、市場は 1 社でなく、少数の大企業によって支配されている。これを**寡占**とよぶ。
きぎょう
こんな例を想像してみよう。

チェックメイツ社

ある国に、チェスの大手メーカーが2つ
あるとしよう。チェックメイツ社とナイツ
ムーブ社だ。他にはライバルがほとんど
いないので、競争はほぼ2社間だけで
行われている。

ナイツムーブ社

どちらかが、もう 1 社を打ち負かそうとするかもしれない。

わがチェックメイツ社は、
値下げするぞ。

お客が増えるだろう。

¥7000 ¥4500   ¥7000

それに利益も！

でも、ライバルが報復しそうなことも知っている。

くやしい、
許せない！

うちも値下げする。
お客を離したくないからね。
はな

¥7000 ¥4500   ¥7000 ¥4500

だけど、
共倒れになるよね。
ともだお

では、両社にとって一番いいのはどうすること？

ライバルの企業どうしがお互いに与える作用をモデル化する経済学の一分野が、
ゲーム理論だ（くわしくは p.107 も見てみよう）。
ゲーム理論の手法として、マス目に異なる決定の結果を整理して表すことがある。こんなふうにね。

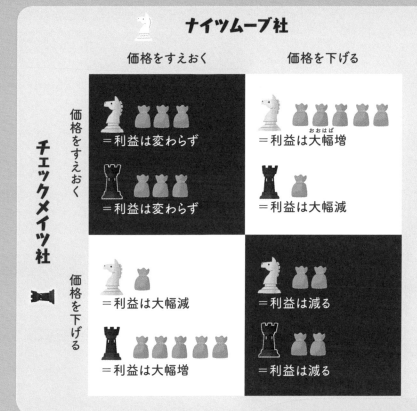

このモデルの予測によれば、価格を下げた企業は、利益が増える。
そこで両社がともに価格を下げれば、結局は両社とも利益を減らすハメになる。ただし、両社がともに値下げしないという合意をするなら、話は別だ。

価格を下げないって約束しようよ。
お客は損するけど…

…両社とも利益は増える！
賛成！

大企業は、利益を維持するため、競争を避けるよう合意をすることがある。これを**カルテル**といい、多くの国で違法行為とされているんだよ。

企業が世界に与える影響

市場は、企業と消費者が公正な価格で合意するためのものだが、時にはすべてを考慮しきれないこともある。このような市場の失敗を**外部性**という。2つの例で説明しよう。

ミツバチの物語

ここにハチミツを生産販売している養蜂農家がある。飼われているミツバチは、ハチミツを作るだけでなく周辺の農家の果樹園で受粉を助ける。これは**正の外部性**だ。

ハチミツ ￥1000

値下げ ￥500

周辺の農家は作物が豊富に収穫できて、利益が増える。でも養蜂農家のハチミツは、適正な値段では売れない。やがて廃業し、みんなに影響を与える。

問題は、市場価格がビンに入ったハチミツの値段でしかないということ。
ミツバチが周辺の農家のために役立っているという事実は、価格に反映されていないんだ。

ハチミツの真のコストは誰が負担すればいいんだろう？

バナナの物語

バナナ農園は大量の化学肥料を使用している。大量のバナナが安く生産できるようにね。

でも、雨が降ると肥料が地元の川に流れ出る。川の雑草は急速に成長し、水中の酸素を消費する。

酸素がなければ魚が大量死して、地元の漁業は苦境に立たされる。この環境汚染は**負の外部性**だ。

漁師の損失は誰が支払うべきでしょうか？

環境汚染も解決しなくてはなりませんよね。

インセンティブを変える

外部性が市場の失敗を引き起こす場合、政府が対策に乗り出すことが多い。
お金を使うこともひとつの解決策だが、企業や人々の行動様式を変えることが最終目標となる。

正のインセンティブ

一部の国では、政府が養蜂農家を支援するための**補助金**を定期的に支払っている。他の企業に不公平に思えるかもしれないが、周辺の農家が作物を順調に育てるのに十分な養蜂農家を確保するためのひとつの方法なんだ。

私はまだハチミツでは利益を得られないけど…

少なくともミツバチを飼い続ける余裕ができた。

肥料の量を減らすべきだな。

罰金

負のインセンティブ

多くの国では、環境破壊を行った企業は政府に罰金を科される。罰金が生産者の利益を食いつぶすのに十分な額なら、生産者は周囲に対して問題を引き起こさないで事業を続ける方法を見つけるしかなくなる。

各国の政府も、消費者の行動に影響を与えるためにインセンティブを利用している。
政府は一度に多くの外部性を解決しようとすることが多い。

今日のニュース

大気汚染の危機
自転車通勤に補助金

肥満が急増

正のインセンティブ

自動車を使わず自転車で通勤する人に政府が補助金を出すことで、大気の質と、公衆衛生の双方を改善できる。

負のインセンティブ

自動車で通勤する人に料金を課すことで、政府は大気汚染を減らし、徒歩や自転車での通勤を奨励する。

第5章
経済システム

経済システムとは、資源をどう分配し、交換するかについての一連のルールを指す。

伝統や血縁により、収穫物をどのように分配するか、あるいは物をどのように作るかが決まっている地域社会もある。でもほとんどの地域では、市場と政府がその役割を担う。

政府もまた、人々や企業からお金を集める。これが**税金**だ。政府は税金の使い道を決め、社会全体に分配する。どれだけの税金を集めるか、それをどう使うかを決めることは、経済システムのカギとなる部分だ。

どう分けあう？

日常生活で、私たちは様々なやりかたで資源をどう使うかや、
どう分けあうかを決めている。これも**経済システム**なんだ。
例えば……

1 人が決めてしまう経済システムかもしれない。

今晩はパスタと
ブロッコリーだね。

でも…

「でも」はなし。
決定だよ。

自分だけで決められる経済システムもあるだろう。

全種類 1 個ずつ
ください！

仲間と一緒に決める経済システムもあるよね。

午後何をするか、
多数決で決めましょう。
絵が描きたい人は手を挙げて。

退屈だなあ。

やった！

あるいは、経済システムが働いていないように感じられる場合もある。

ちょっと、私の番ですよ！

私が先です！

目標を共有する

家庭や学校と同じように、各国の政府は資源をどのように分配するかを常に考えなくてはならない。
ここでは、政府が資源を分配する際に考慮する様々な目標について説明する。

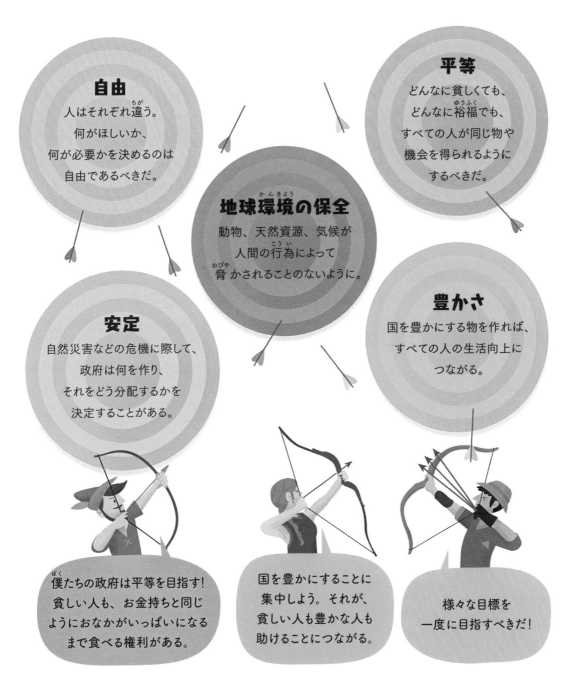

自由
人はそれぞれ違う。
何がほしいか、
何が必要かを決めるのは
自由であるべきだ。

平等
どんなに貧しくても、
どんなに裕福でも、
すべての人が同じ物や
機会を得られるように
するべきだ。

地球環境の保全
動物、天然資源、気候が
人間の行為によって
脅かされることのないように。

安定
自然災害などの危機に際して、
政府は何を作り、
それをどう分配するかを
決定することがある。

豊かさ
国を豊かにする物を作れば、
すべての人の生活向上に
つながる。

僕たちの政府は平等を目指す!
貧しい人も、お金持ちと同じ
ようにおなかがいっぱいになる
まで食べる権利がある。

国を豊かにすることに
集中しよう。それが、
貧しい人も豊かな人も
助けることにつながる。

様々な目標を
一度に目指すべきだ!

資源の分配や経済の運営は、どの方法が最良なのかをめぐって様々な議論がある。
次のページからは、過去に試されたシステムの例をいくつか紹介しよう。

69

市場主導型

政府が経済を運営する上で、まったく関与（かんよ）しないという方法もある。
これは**市場経済**として知られ、イギリスでは 19 世紀にこのシステムが採用されていた。

当時、イギリスは**産業革命**とよばれる大きな変革期を
迎（むか）えていた。

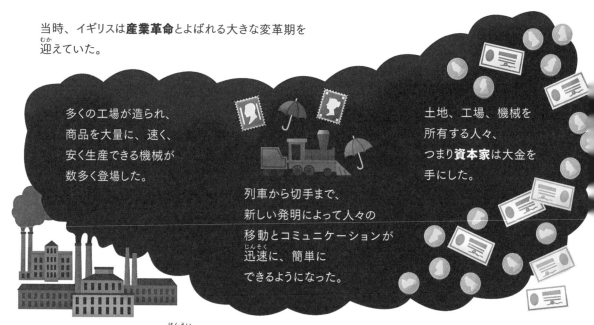

多くの工場が造られ、
商品を大量に、速く、
安く生産できる機械が
数多く登場した。

列車から切手まで、
新しい発明によって人々の
移動とコミュニケーションが
迅速（じんそく）に、簡単に
できるようになった。

土地、工場、機械を
所有する人々、
つまり**資本家**は大金を
手にした。

産業革命は一部の人々に繁栄（はんえい）をもたらしたが、20 世紀に入ると、
国民の 4 人に 1 人が貧困（ひんこん）に苦しんだ。この時の政策は**自由放任主義**とよばれた。
「資本家が自由に事業を運営するままに放っておく」という意味で、
このシステムは後に**資本主義**と名づけられた。

問題をどうやって
解決しようか。

オールド・ニュースレター新聞　オールド・ニュースレター新聞
未成年奴隷（どれい）が
工場労働者に

何もしなければいい。
貧しい人を助けても、自分で自分の
面倒（めんどう）が見られなくなるだけだ。

都市のスラムで
伝染（でんせん）病

オールド・トリビューン新聞
アイルランドで
ジャガイモ飢饉（ききん）、
100 万人が死ぬ

政府が援助（えんじょ）しないと決定すると、問題は解決するどころか悪化した。
システムの改革が必要なことは明らかだった。

政府主導型

資本主義の問題を解決しようと、
過去には世界中の人々が政府に大きな権限を与えるという実験をした。
とりわけ劇的な改革を試みたのが、1960年代のキューバだ。

キューバでは革命家グループが政府を倒し、**共産主義**という名のシステムを立ち上げ、
国の資源を国民に平等に分け与えることを目指した。

革命家たちはドイツの経済学者
カール・マルクスの思想に
影響を受けていた。

> 能力に応じて働き、
> 必要に応じて受け取る。

> すべての人に
> 教育を！

> 誰も職を失ったり、
> 飢えたりすることが
> 二度とないように。

新政府は多くの経済計画を策定した。
これを**計画経済**という。

> すべての人が
> 十分に食べられる
> ようにするには農業
> でこれだけ生産する
> 必要がある。

> **キューバの食料**
> **生産量（トン）**
> 米 1000トン
> 豆類 1500トン
> ジャガイモ 2000トン

また、政府はすべての土地、工場、
企業を買収し、計画の実行を
後押しした。

> 了解です！

資源はほぼ公平に分配されたが、大きな問題も生まれた。

共通の利益のために働こう、
人々の意欲を高めるのは難しかった。

……そして、何百万人もの人々がほしがったり、
必要としたりするかもしれないものすべてを計画するのは、
さらに難しいことだった。

> 以前より食料生産量が
> 減ったのはなぜだろう？

> 全部持って
> いかれるのなら、
> 私が一生懸命働く
> 意味はないでしょう？

> 在庫不足

つまり実際には、政府と市場のどちらかだけに完全な支配権を与えるやりかたは、うまくいかなかったんだ。
それ以来、ほとんどの国がよりバランスの取れたシステムを見つけようとしている。

混合経済

現在、世界中のほとんどの国で、ある種の**混合経済**が採用されている。
大まかなしくみはこうだ。

政府

政府は、人々が物やアイデア、デザインを
所有する権利を保証する法律を制定する。
また、ビジネスができること、
できないことについてのルールも定める。

経済を管理し、物価や
失業率、貧困などに
関する目標を設定する。

科学研究に
補助金を出して、
将来のビジネスや
産業の発展を促進する。

市場

人々には物を所有する権利がある。
例えば……

土地

 素材

 アイデア　　　ビジネス　

　機械

……そして、需要と供給の法則に従い、
市場でそれらを交換する権利もある。

社会全体の利益となる
特定の物を生産する。
そのコストのほとんどは税金でまかなわれる。
道路建設などのインフラ事業や、
廃棄物収集、図書館、
教育などの公共サービスが含まれる。

どんな政府?

実際のところ、混合経済のありかたは、政権を握っている政府が
「大きい」か「小さい」かによって国ごとに異なる。
これは、政府がその国の経済や企業、さらには個人に対してどの程度の支配力を持つかを表す。

「大きな」政府は、
たいてい、これらが**多い**。

「小さな」政府は、
たいてい、これらが**少ない**。

……公共サービスへの支出。
……ビジネスに関する規則。
……人々ができること、
　　　できないことを定める法律。
……税金。

政府の行動は、社会を組織する最善の方法が何かという考えにも左右される。
左派（さは）と右派（うは）という言葉が、こうした信念を表すのに使われることがある。

一般的な左派思想

人々や企業、特に富裕（ふゆう）な人や企業は、高い税金を払（はら）って社会に還元（かんげん）すべきだ。

水道会社など、すべての人のためにある一部の企業は国営であるべきだ。

政府はとりわけ弱い立場の人々を保護し、そのための資金を負担するべきだ。

一般的な右派思想

個人と企業が自身の決断に従って運営するほうが、政府に従うよりもいい結果を生む。

政府の仕事は人々の安全を守ることであって、何をすべきかを指示することではない。

税金が安くなれば、人々はもっとお金を稼（かせ）ぐようになる。その結果、国全体が豊かになる。

ほとんどの国民や政府は、左派と右派の混合思想を支持している。
一部の問題については大きな政府のアプローチを好み、他の問題に対してはそうではない。

取り残される人たち

政府は多くの場合、限られた資金で、
異なることを望んだり必要としたりしている
集団を満足させようとしなければならない。
家族、年金受給者、学生、失業者、
それにこの親子のような難民などだ。

私たちは祖国を離（はな）れて、この国に来た。保護してくれると言われたけれど、まだ仕事に応募（おうぼ）することもできない。

学校にも行けない。

どの国の経済システムも完璧（かんぺき）ではない。
第6章と第8章では、経済システムを改善するためのアイデアをいくつか紹介（しょうかい）するよ。

第6章

マクロ経済学

マクロ経済学では、経済の全体像を考える。

人々は豊かになっている？　貧しくなっている？

新しい企業（きぎょう）が増えている？

それとも廃業（はいぎょう）する企業が増えている？

物の値段は上がっている？　下がっている？

そして、政府には何ができるのか？

政府が何をすべきか（あるいは何をすべきでないか）を

選択（せんたく）することを、**政策**という。

新しい政府を選ぶ選挙では、人々は

「公約されている政策は成功するだろうか？」と考えて、

成功しそうなところに投票するんだ。

全体像を見る

経済学では、1人の個人や1社の企業の
視点から問題を見ることもできる。
例：「仕事が見つからないのはなぜ?」
と考えること。

または、経済全体で何が起きているかを見ることもできる。
例：「仕事が見つからない人が多いのはなぜ?」
と考えること。

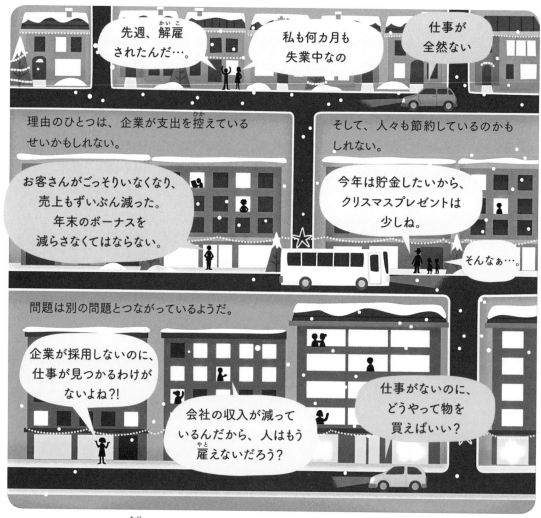

経済の様々な問題は、互いにどう関連しあっている?　なぜ問題が生じるんだろう?　それを防ぐには、
また解決するには、どうすればいい?　マクロ経済学はそんな大きな疑問に答えようとするんだ。

大きな選択

国全体の経済に影響する問題に関して、1人の個人や1社の企業にできることは多くない。
一般には政府が、経済ができるだけうまく機能するように運営しようと試みる。
政府の仕事はケーキ作りに似ている。

パティシエが、
世界一のケーキを作ろうと思い立つ。

政府は、完璧な経済を実現しようという考えがある。
例えば、誰でもよい条件の就職先が豊富に見つかり、
最高のレベルの学校や病院があり、衛生状況がよ
く、自然環境が保たれている……。

パティシエは世界一のケーキを
実現するために、様々なレシピを試せる。

政府の大臣たちも、経済学者が提案する
様々なアイデアや経済政策を試すことが
できる。

ケーキ作りには材料の正確な計量
が欠かせない。経済の運営も、
基本は同じ。ただ小麦粉の量では
なくて、失業率などの数字を
はかるというだけだ。

どんなに壮大な夢を思い描いても、
パティシエも政府も、手に入れられる材料と
環境には限界がある。

うーん、お金が
ないから小麦粉は
もう買えない。

物事は計画通りに進むこともあるが、
そうでないこともある。

もちろん経済はケーキではないし、
それを管理する責任は重大だ。
権力者の決断が、人々の生活に多大な影響を
与える。ケーキがこげるよりもずっと深刻だよね。

経済をはかる

政府エコノミスト（※政府にアドバイスをする経済学の専門家）は、経済のパターンや問題をはっきりさせるために、できる限り経済を分析する。重要な指標となるのが、「ある一定期間にその国で生産されたすべての物の価値」で、これを**国内総生産**（Gross Domestic Product）、略して **GDP** とよぶ。

GDP を計算する方法のひとつは、その国で1年間に生産されたすべての物にいくらのお金が使われたかを合計することだ。例えば、2018年のアメリカの GDP を見てみよう。

個人の支出

GDP総額＝
20兆
5000億ドル

企業の支出

政府の支出

これは、「外国からアメリカに入ってくるお金」と、「外国の物を買うためにアメリカから出て行くお金」の差。

GDP の変化を見ると、経済がどのように推移していて、それが人々の生活にどのような影響を与えているかについて、いろんなことがわかるんだ。

GDP が増加すれば、ふつうは企業の生産量が増えたことを意味する。

人々の消費と収入が増えれば、政府に入ってくる税金も増える。だから政府ももっとお金が使えるようになる。

その結果、職が増えて、労働者は将来に自信が持てるようになる。

企業は以前よりもたくさんお金を稼いで、たくさんお金を使っている。

新しいがん治療法の開発に1億円をかけよう。

ラボで安定した仕事に就けた。初任給でローラーブレードを買ったよ！

大学に新設された研究棟

一般に、生産と支出が増えれば、好循環が生まれ、人々の暮らしが全体に向上する。GDP が6カ月以上増加し続けることを好景気という。

GDPだけが目標ではない

政府はGDPの増加を目標に掲げることが多い。それによって人々の暮らしがよくなり、
生活の質が向上すると期待できるからだ。でも、GDPがはかれるのは価格がついている物の豊かさ
だけだから、GDPだけを見ていたら、他の本当に大切なことを忘れてしまうかもしれない。
例えば……

無償労働
GDPには、
子どもの読み書き指導や家事など、
親や保護者などが家庭でお金をもらわずに行う
様々な仕事は含まれない。

環境
自然は様々な重要な仕事を無料でやってくれる。
例えば、森は私たちが呼吸する空気を
きれいにしてくれるが、
GDPの計算上は伐採されて木材が
売れた時だけ価値が出る。

不平等
GDPが高い裕福な国でも、
富が公平に分配されなければ、
貧しい人が多い。

> GDPを増やすために、
> 地球環境を犠牲にすることは
> 避けなくてはならないよね。

GDPが減少すれば、ふつうは企業の生産量が減ったことを意味する。

企業は以前より
もうけが減り、仕事が
少なくなるために雇用も
減る。

> ラボの収入が減って
> しまったので、お給料が
> 払えないんです。

将来への不安が増し、
人々はお金を使わなく
なる。

> 自分もいつ仕事を
> 失うかわからないから、
> 貯金しておこう。

人々の消費と
収入が減れば、政府に
入ってくる税金も減る。

> すべての
> 大学生の学費
> を払う余裕は
> ない。

> お金を
> 借りられない
> でしょうか?

一般に、生産と消費が落ち込むと、悪循環になり、人々の暮らしが全体に悪化する。
GDPの下落が6カ月以上続くことを、**不景気**という。
経済は、好景気の次は不景気というパターンを繰り返すことが多い。

GDP以外の指標

経済学者は、経済が人々の生活にどのような影響を及ぼしているかを把握するため、GDPの他にも様々な数字をはかる。
これらを**経済指標**とよぶ。

物価は上がっている？ それとも下がっている？

物価は、一般的によく買われる物の値段の合計が、ある特定の時期にどれだけ変化したかを調べて測定する。

昨年 ¥5000

今年 ¥5100

ほとんどいつも、物価は時間とともに上昇する。これを**インフレ**とよぶ。人々は物価がゆるやかに上昇した場合は気づかないが、急速に上昇した場合は気づく。

物価が下がることを**デフレ**という。いいことに思えるかもしれないが、消費しない人が増えることを意味する。明日まで待てば安くなる物に、今お金を払いたいと思う人はいないからね。

仕事がない人の数は？

仕事したいのに仕事がない人を、**失業者**という。

政府は失業者の数を低く抑えようと努めるが、ゼロにはならない。

人々の収入は？

政府は週平均賃金を監視する。
毎年少しずつ上がるのがふつうだ。

イギリスの週平均賃金

ポンド／週

600
500
400

2016 2017 2018 2019

賃金はインフレ率と比較されることが多い。賃金が物価と同じペースで上がらなければ、人々は貧しくなってしまう。

これらの数字はすべて、常に変化している。だから、公式の数字は、過去のある時点のものでしかない。

失業者数のレポートが完成したよ！

さあ、次のレポートの準備だ。

政府にできること

政府には、経済を管理する目的で使える手段がいくつかある。
税金もそうだ。何にいくら課税する（税金をかける）かは政府次第だ。

今日、ほとんどの国では、個人が受け取る賃金や、企業の利益など、稼いだ金額に応じて税金を払う決まりになっている。

また、所有物（不動産など）や購入した物（大部分の物の価格には消費税が含まれる）に対しても、税金を払わなくてはならないことが多い。

私は年間190万円の給料をもらい、13万円の税金を払う。

この店は年間約100万円の利益があるけど、20万円の税金を納めないと。

チョコレート1箱を540円で買う。そのうち40円は税金だ。

政府は様々な効果を望んで税金の制度を変える。例えば……

環境保護、安全、健康を実現するために

社会に損害を与える物がなるべく売れなくなるように、高い税金をかける。

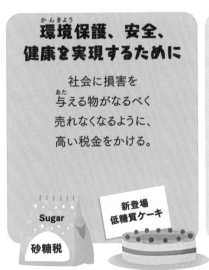

Sugar

新登場 低糖質ケーキ

砂糖税

好景気にするために

減税で企業を支援すれば、企業は資金が増えて消費、製造、雇用がしやすくなる。好景気につながる。

もっと公平な経済を実現するために。

ほとんどの国では、お金を多く稼ぐ人ほど高い税金が課される。主なねらいは、貧しい人たちを助けることだ（くわしくは次のページを見よう）。

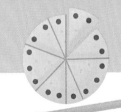

税金の適切なバランスを取るのは難しい。

税金が多すぎると、人々はなんとか税金を逃れようと、外国に移住することもある。

少なすぎると、道路の新設や学校の整備などのための資金が十分に得られなくなる。

国の支出

国のお金をどう使うかを決めることは、政府の重要な役割だ。
政府が何にどうお金を使っているか、例を紹介しよう。

社会的保護

失業、障害、高齢など
様々な理由で
苦しんでいる人々を
支援する。

公共サービス

教育、医療、警察など
誰もが必要とする
サービスを提供する。

インフラ

道路や橋、
インターネットケーブルなどの
建設や維持管理を行う。

政府は様々な目的で、国のお金の使い道を決めることがある。例えば……

環境保護

風力発電など、
環境汚染を引き起こさない技術を
支援する。

より公平な経済の実現

富裕か貧困かにかかわらず、
すべての人に均等な機会や
質の高い公共サービスを
提供する。

生産性の向上

インターネットの
速度を上げる設備などに
資金を出す。

政府の借り入れ

税金の収入だけでは政府が使いたいお金の額に足りず、国が銀行や他の国から借金をすることもある。
ただし借り入れできる金額は限られる。
借金はいずれ、**利子**とよばれる一定の額を足して返済しなくてはならないからだ。

2018年の
アメリカの支出額は
4兆1000億ドル。

そのうち、**3900億ドル**は
借金の利子だったんだ。

政府はもっと
紙幣を刷れば
いいんじゃない？

少しならいいけど、
刷りすぎるとお金の
価値が減るんだよ。

すべての政府は借金をする。年月が経つと、国の借金が大きくふくらむことがある。
だから政府は、ちょうどいいバランスで支出、貨幣の発行、借金をしなければならない。

金利

借金をするのは政府だけではない。企業や個人もそうだ。
そこで、政府が経済に介入するための手段として、
政策金利を変えることもできる。

政府は**中央銀行**とよばれる
国の銀行と協力する。

金利を上げれば借金が高くつき、
金利を下げれば安くつくようになる。

金利を下げると、人々や企業が積極的に借金をして消費を増やすようになり、
経済を活性化させるのに役立つ。

実際にはどうなる?

政府がこれらの手段を使った時に何が起こるかは、誰にも正確にはわからない。
金利を下げたからといって期待する効果が得られないこともある。
例えば……

だから政府の人たちは、どんな政策が成功するかを見極めなくてはならない。
そして、いくら最善を尽くしても、ほぼ10年ごとに経済危機が起こるのは避けがたいようだ。

経済危機

経済学者は、将来同じ過ちを繰り返さないために、過去の不況を研究する。
歴史的な大不況になった世界恐慌は、アメリカから世界中に広がった。

1929年10月

株式市場が
大暴落した。

貯蓄をすべて
投資して株を
買ったのに、

株はいまや価値の
ない紙切れだ。

もう一文なしだよ。

1930年1月

アメリカ経済全体が
悪化していた。

干ばつで、
農作物が全滅だよ。

車が売れないから、
労働者7万5000人
を解雇した。

1931年1月

数百万人の失業者が
職を求めて
さまよった。

1932年1月

危機は、アメリカとの
貿易に依存していた
すべての国に
広がった。

当時、ほとんどの経済学者は、生産性の低い企業が倒産し、それ以外の企業は再び労働者を
雇うようになり、経済は回復すると考えた。でも何年間も景気は回復しなかった。

そこで、イギリスの経済学者ジョン・メイナード・ケインズは、次のように主張した。

人々が消費しない限り、
企業は新たに人を雇うわけがない。

政府は流れを変えるため、
お金を「使う」べきだ。
例えば住宅を建設すればいい。

人々は仕事があれば
お金を使うようになるだろう。

そうすれば職が生み出され、
人々の収入が増える。

恐慌後の10年あまり、アメリカのルーズベルト大統領はこの通りにして、巨額の費用を投じて
住宅建設を進め、職を創り出すことに成功したんだ。ただし大統領は同時に、大量の紙幣を印刷し、
金利を引き下げ、増税を行ったから、結局、何がうまくいったのかはよくわからない。

大恐慌では、需要の減少が危機の引き金になった。
でも、供給の減少によって危機が引き起こされることもある。

例えば1973年、産油国であるアラブ諸国は、アメリカなどへの石油の販売を停止した。

これは、イスラエル対アラブ諸国の戦争で、アメリカと同盟国がイスラエルを支援したことに抗議するためだった。

休業中

石油は急激に値上がりした。それに、石油を使って輸送・製造される物も。つまり、ありとあらゆる物だ。

物価上昇（インフレ）が、失業率の高い時期に重なったため、不景気につながった。
この2つの問題の解決をめぐって、経済学者の間でも意見が分かれた。

物価を下げるには、人々がお金を使わないようになればいい。

だから税金を増やせ！

金利を上げよう！

政府は使うお金を減らそう！

でも、企業がまた人を雇い始めるために、人々が物を買わなくては。

だから税金を減らせ！

金利を下げよう！

政府はもっとお金を使おう！

政府がインフレを抑えようとして金利を上げた国では……

お金を借りると高い利子がつきます。

グリーンツリー銀行

利子20%

それなら、やめます。

人々がお金を使わなくなったので、物価は下がりだしたが、連鎖的に不景気が引き起こされた。

私たちに仕事を！

金利が上がったせいで、ひどいことになった。

20世紀を通して何度も不景気になったのは、経済危機を簡単に解決できる方法なんて存在しないからだ。
政府や経済学者は、何かを犠牲にして景気の回復を目指すという
難しい選択をせまられることが少なくない。

働く人々

世界中で、ほとんどの人は、家族と過ごすよりも長い時間を労働に費やしている。
野菜や果物の種を食べ物に変え、木を紙に変え、
アイデアを発明に変えるのは、すべて労働だ。
ここでは、巨大な労働市場のしくみを見ていくよ。

労働のルール

政府は、労働者を保護するための規則を定めている。
公正な条件で安全に労働できる権利を労働者の権利といい、次のようなものがある。

公正な賃金	安全で衛生的な職場	有給休暇	児童労働の禁止（ほとんどの国で、子どもが有給で働くことは法律で禁じられている）

規則によって、労働のコストが増加することもある。

だから政府は、それぞれの規則がもたらすコストと利点を考えなければならない。

失業

理論上、需要と供給の法則によれば、人々は失業するとしても一時的に仕事を失うだけだ。
つまり……

労働の
需要が
減れば、
→
人々は
職を失う。
→
労働者は
以前より
安い賃金でも
働こうとする。
→
賃金は下がり、
安く人が雇える
ようになる。
→
企業は、また
人を雇える
ようになる。

でも現実には、ほとんどの国で常に失業者がいる。
長期的な失業者が多数いる国も珍しくない。

企業が労働者を募集する場所に
人が住んでいるとは限らない。

企業が苦境に立たされると、経営者にとっては
すべての労働者の賃金を減らすより、
一部の労働者を解雇するほうが簡単だ。

失業率は経済全体の状況に
左右される。

労働者の能力・技術が、企業が求める能力・技術
と食い違っていることも多い。

不景気だからリスクが
ある。賃金が安くても、
景気がよくなるまで人を
雇うのはやめておこう。

炭鉱を
解雇されたが、
炭鉱夫の
求人はない。

仕事がないと、生活が苦しくなり、心身の健康に悪影響が及ぶことも多い。
だから、失業は政府が直面する大きな課題なんだ。ここで、失業対策の例を紹介しよう。

経済を活性化させればいい。景気がよけ
れば、企業は労働者をもっと雇うからね。

企業が求める能力・技術の習得のために
職業訓練に支援金を出す。

企業の税金を減らす
などして、労働者を
安く雇えるようにする。

企業にインセンティブを
与えて、未経験の若者など
職が見つかりにくい人を
雇うようにする。

貧困

人並みの生活を送れるチャンスはみんなに与えられるべきだということに、反対する人はあまりいないだろう。でも現実には、とても貧しくて毎日の生活が苦しい人たちがいる。貧困の測定は、経済が、裕福な人だけでなくすべての人のために機能していることを確認するための第一歩だ。

貧しいのは誰?

インド、イギリス、アメリカに住む家族を見てみよう。

政府の補助金で安く買える米と、その日に釣れた魚で食いつないでいます。

1週間の収入
448ルピー（約770円）

食費か暖房費か、お金をどちらに使うべきかで毎日悩んでいます。

1週間の収入
340ポンド（約6万1800円）

失業したので、新しい仕事がすぐ見つかるといいなと思っています。貯金があるから食べていけるし、持ち家だから家賃は払っていません。

1週間の収入
0ドル（0円）

この3家族を見ればわかるように、貧困は単純な数字でははかれない。真ん中の家族は左の家族の80倍以上の収入があるけれど、どちらも基本的なニーズを満たすことができないのは同じだ。右の家庭は今は収入ゼロでも、過去に多くの収入を得ていたし、おそらく将来もそうなるだろう。

貧困のひとつの定義は、十分なお金がなくて自分の暮らす社会に参加できないことだ。イギリスでのアンケート調査では、貧困とは、必需品を買ったり、公共交通機関を利用したりするお金が足りないことだと答える人が多かった。つまり次のような費用だ。

食費

水道・光熱費

衣服費

交通費

さらに、不可欠だと考えられているのはこんな費用だ。

最低限の機能の携帯電話代

大切な人へのプレゼント代

年に数回の外食代

この指標によれば、イギリスでは貧困状態にある人が、5人に1人よりも少し多い。

貧困のわな

貧しい人が、自分の才能を最大限に生かして安定した生活を築くには、かなりのスキルと意志、運が必要となる。その逆に、いったん金持ちになれば、金持ちであり続けるのは難しくない。生まれながらに金持ちか貧しいかによって、人生は違ってくるんだ。例えば……

貧しければ、十分な教育を受けるのが難しくなる。	だから、低賃金で不安定な仕事にしか就けないことが多い。	しかも、不運な目にあうと大きな打撃を受ける。

生まれが貧しいと…

母さん、宿題がわからないんだけど。

ごめんよ、夜勤だからもう行かないと。

見つけられた一番マシな仕事がこれ。給料はずっと安いままだ。

足をケガしたから、働けなくなった。まだ新しい仕事は見つからない。

…貧しいまま。

生まれが金持ちだと…

母さん、宿題がわからないんだけど。

大丈夫、家庭教師の先生をよんだよ。

給料のいい仕事に就けた。昇進のチャンスも大いにある。

治るまで、会社が通勤のタクシー代を出してくれます。

…金持ちのまま。

貧困は可能性をつぶしてしまうから、不公平きわまりない。
貧富の差という不平等は、放っておくとさらに拡大しやすい。

有効だと考えられている一般的な政策案をいくつか紹介しよう。
単に分かちあうだけでなく、人々を貧困にとどめている状況を変えることが重要なんだ。

すべての子どもに優れた教育を無料で提供する。

裕福な人の税金を増やす。

公正な賃金を実現する。

失業を減らすことを優先課題とする。

生活に困っている人に資金援助する。

第7章
国際貿易

人類は数千年前から、危険を顧みずに航海し、キャラバンで果てしない砂漠を行き、牛車ででこぼこ道を走ってきた。自分が暮らす場所だけでなく世界中の人々と交易するために、膨大な努力をしてきたんだ。

貿易のおかげで、人々の選択の幅が広がり、物価が下がり、必要不可欠な資源が不足している場所に資源を届けることができる。遠く離れた土地との取引によって、市場の効率は高まり、競争が活発になる。ただし、このような利点があっても、国境を越えた貿易そのものに対する批判もあるんだよ。

輸入と輸出

国によって、特定の商品を他国よりも安く生産している。
この安い商品を他国の別の安い商品と交換することを、**貿易**という。

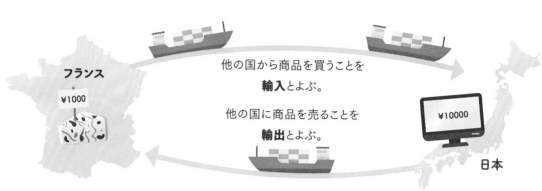

フランス
¥1000

他の国から商品を買うことを
輸入とよぶ。

他の国に商品を売ることを
輸出とよぶ。

¥10000

日本

例えば、フランスは日本よりもブルーチーズを安く生産し、日本はフランスよりも安くテレビを生産している。
フランスのチーズ職人はチーズを余分に作って輸出し、日本の技術者はテレビを余分に作って輸出する。
どちらの国の消費者も、よりよい製品をより安く手に入れることができるんだ。

でも、長距離貿易は容易ではない。物流を妨げる障壁はたくさんあり、
国境を越えて大量の商品を移動させるのは難しく、コストもかかる
（例えばチーズの場合）。

わあ、
くさい！

チーズ

また、国境で課される関税など、わざと貿易を
難しくするために国が設ける障壁もある。

関税は、外国製品の値上がりにつながり、外国
企業の競争力を低下させ、ひいては国内の企業
を保護する。

高品質のデンマーク製の
クシを、アメリカで
売りたいのですが。

まず5ドルの関税を
支払ってください。

デンマークのクシを
試してみたいけど、
高いんだよね！

クシ

デンマーク
本社

アメリカ
税関

デンマーク製のクシ
$6.99

アメリカ製のクシ
$1.99

関税か自由貿易か?

政治家は関税を利用したくなることが多い。
関税をかけると、外国企業が商品を売りにくくなり、地元企業は喜ぶので、票の獲得(かくとく)につながるんだ。

これはいいアイデアに思えるかもしれないが、関税には問題がある。
経済学者の多くは、政府はできる限り関税を撤廃(てっぱい)し、**自由貿易**、つまり関税を低く抑(おさ)える政策を
推進すべきだと考えている。

1945年以来、自由貿易を主張する経済学者が、この議論に勝ち続けてきた。
論争は続いているものの、多くの国で関税の大半が撤廃され、外国への開放が進み、
国どうしの関係が強化されている。
これは**グローバル化**とよばれるプロセスの一部だ。

なぜ自由貿易はうまくいくのか
（ただし、理論の上で）

200年前に初めて提唱された**比較優位**とよばれる巧妙な経済理論に基づき、多くの
経済学者は、自由貿易はすべての人に利益をもたらすと考えている。そのしくみを説明しよう。

リズとキャリーは、無人島に漂着した。
2人は生きるために、魚釣りとココナッツ採りという
2つの仕事をこなさなくてはならない。

キャリーは両方の仕事が得意だ。
魚釣りをすれば1日に20匹が釣れるし、
あるいはココナッツを採れば1日20個採れる。

リズはどちらの仕事もそれほど得意ではない。
魚釣りをして釣れるのは1日に魚2匹だけ、
あるいはココナッツを採るなら1日18個だけだ。

キャリーはリズに比べて、魚釣りもココナッツを採るのも得意だ。
両方の仕事がリズよりも上手なキャリーが、仕事と食料をリズと分けあう価値はあるのだろうか？
意外なことに、答えはYESなんだ。

キャリーが魚を1匹釣るたびに、
ココナッツ1個が採れたはずの時間を
使ったことになる。

キャリーがココナッツを1個採るたびに、
魚1匹が釣れたはずの時間を使ったことになる。

リズが魚を1匹釣るたびに、ココナッツ9個が
採れたはずの時間を使ったことになる。
これは、**費用が高い**。

リズが1個のココナッツを採るたびに、1/9匹の
魚が釣れたはずの時間を使ったことになる。
これは、**費用が安い**。

魚釣りをするのは、私のほうがリズよりも費用が安い。だから、魚釣りは私がしよう。

ココナッツを採るのは、私のほうがキャリーよりもうんと費用が安い。だから、木登りはまかせて！

キャリーはココナッツを集めるのが少しだけリズより速いけれど、リズはココナッツを集める時の機会費用（※それを選択したことで、別の選択肢なら得られたのに実際には得られなかった利益。p.16 参照）が、リズよりずっと安い。これを**比較優位**という。つまり、無人島で食料を集める最善の方法は、漂流者2人がそれぞれ、自分にとって最もむだが少ない物の生産に特化し、持っていない物と交換することなんだ。

分業も取引もしない場合、
10日間でこれだけの食料が生産できる。

分業と取引をする場合は、
10日間でこれだけの食料が生産できる。

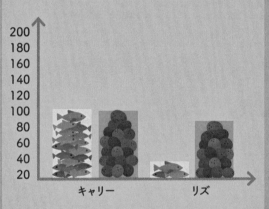

2人合わせて魚110匹とココナッツ190個。

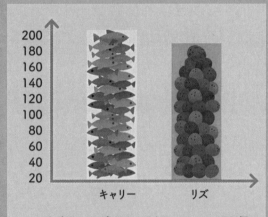

2人合わせて魚200匹とココナッツ180個。

ココナッツミルクはいかが？

比較優位は、無人島だけではなく私たちが暮らす社会でも機能する。もしもすべての国が、最も効率的に生産できるものを好きなだけ生産し、それほど効率的に生産できないものを貿易で補えば、全体としてより多くのものを、より高品質に、より安く生産できる。
ただし、これがうまくいくのは自由貿易が行われている場合だけ。理論の上では、自由貿易はすべての人の生活を向上させ、費用を下げるんだ。

95

障壁を設ける理由

すべての国の政府は、自国内で販売されるものをある程度コントロールしたいため、
関税や貿易障壁を維持することが多い。

新しい企業が、老舗の企業と競争するのは
とても難しい。
60年前のある例を紹介しよう。

私は韓国に製鉄所を
設立したいが、国際企業が
高品質の鉄鋼を
安く作るので、
太刀打ちできない。

外国産の鉄鋼に、
一時的に関税をかけよう。
そうすれば、わが社の
鉄鋼が少なくとも国内では
売れるようになる。

韓国

過去50年間、韓国では、政府が国内の
新興企業を関税で保護してきた。
今日、これらの企業は世界的な競争力を
持つまでに成長した。

他国にまかせるのは
危険な産業もある。
例えば……

原子力発電所は造らせない。
信用できないからね。

スーパーレーザーは売らない！
わが国の兵士に向けて
発射されたら困るからね。

ほとんどの国の政府、そして人々は、特定の物は誰も製造したり販売したりすべきではなく、
少なくとも売る相手を選ぶべきだと考えている。また製品について、環境に害を与えず、
子どもにとって安全であるべきものとし、安全警告を表示するよう法律で義務づけている国が多い。
これらは**非関税障壁**（※関税以外の方法で貿易を制限すること）という。

クマ戦士

赤ちゃんから遊べる!!!

本物の
ミニナイフ入り！

材料：
砂糖、塩、油
大量

ある国が貿易の障壁を設けると、
別の国の怒りを招きかねない。
障壁を設けた理由をめぐって
「ウソをついている」と非難することも
よくある。これがエスカレートすると、
貿易戦争になるんだ。
次のページでくわしく見てみよう。

貿易戦争のリスク

ある国が高い関税を設定すれば、他国は対抗して自国の関税を引き上げる可能性が高い。
関税で輸入が阻止(そし)できるかもしれないが、輸出も阻止することになってしまうんだ。

競争しあう国が、お互(たが)いに関税をつり上げて激しく争う状態を、**貿易戦争**という。
貿易戦争に勝利するのは難しく、結局はどの国も損害を受ける。大恐慌(きょうこう)の時に起きた有名な例があるよ。

1930年、アメリカ政府は、不景気に苦しんでいた
国内の農家と製造業者を救うため、
900品目の輸入について関税を4倍に引き上げた。

関税の値上げによって、アメリカでは
外国製品の輸入が66％も減った。

しかし、他国は仕返しとしてアメリカ製品に
対する関税を設けた。アメリカからの
外国への輸出は61％減少した。

国際貿易は停滞(ていたい)し、1934年までにアメリカのGDPは半減し、世界貿易は66％縮小した。
何千もの企業が倒産(とうさん)し、何百万人もが失業するという世界的な大惨事(さんじ)になったんだ。

貿易圏

国と国が自由貿易協定を結び、**貿易圏**を形成することもある。
ヨーロッパの「EU」や南米の「メルコスール」がその例だ。
貿易圏の加盟国は互いに自由貿易を行うことに同意する。
また、非加盟国との貿易を割高にするために、共同関税障壁や非関税障壁を設けることに
合意することもある。

自由貿易圏は、
加盟国にとって多くの
利点があります。

とても大きな市場なので、
他国から貿易を望まれ、
大規模な取引について
交渉する力を持ちます。

非常に大規模な市場で、
消費者にとっては価格が
下がり、企業にとっては
輸出の機会が増えます。

しかし、各国は
加盟すると一部の
政策を放棄することに
なるため、反対意見も
ありますよ。

単に商品やサービスを取引するだけの貿易圏もあれば、
EU のように、人とお金が自由に動ける貿易圏もある。
人々はどの加盟国でも住んで働く自由があり、住んでいる場所で給料をもらい、税金を納めることができる。

ある国が、他の国や貿易圏の不当な行為を訴えられる機関として、**世界貿易機関（WTO）** がある。
WTO は貿易国どうしの紛争を解決し、新たな協定を交渉するためのルールを提供する国際機関だ。

グローバル化

グローバル化は、実質的に全世界を含む巨大な経済を説明するのに使われる言葉だ。
近年、グローバル化による世界経済は、自由貿易に加え、**コンテナ輸送**と**通信**という
2つのシンプルな理由もあって巨大な成長を遂げている。

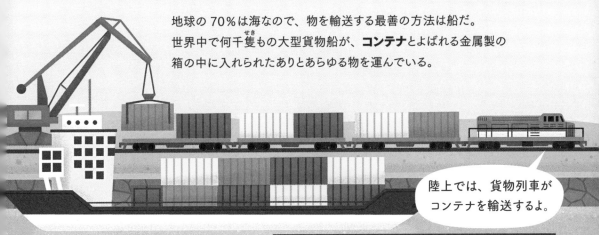

地球の70％は海なので、物を輸送する最善の方法は船だ。
世界中で何千隻もの大型貨物船が、**コンテナ**とよばれる金属製の
箱の中に入れられたありとあらゆる物を運んでいる。

陸上では、貨物列車が
コンテナを輸送するよ。

1945年には、貨物船への荷物の積み下ろしに
1週間かかっていた。今ではコンテナの
システムにより、当時よりはるかに大きな船でも
わずか6時間で荷揚げができる。
効率性が上がったため、世界貿易は
過去70年間で爆発的に拡大した。

**世界の商品
貿易総額**

1954年には
570億ドル

2018年には
18兆ドル

インターネットと電子メールが発明されたことで、
地球の反対側にいる人とのコミュニケーションが瞬時にできるようになった。
グローバルな企業の経営はかつてないほど容易になり、
大企業は多くの国にまたがって生産を調整できるようになった。

国際的なスマートフォン！

スマートフォンは
こんな部品でできている。

日本製の
カメラ

スイス製の
ジャイロスコープ

中国製の
バッテリー

ガーナ産の金

アメリカ製の
ガラススクリーン

理論上、グローバル化で経済はより効率的になり、
世界中の人がより豊かになり、
より安くてよい物が選べるようになると言われてきた。
でも、本当にその通りになっているかな？
次の見開きページで確かめてみよう。

グローバル化の恩恵と損害

恩恵：人類の繁栄

世界人口は爆発的に
増加したが、
極度の貧困に苦しむ人々の数は
減少した。

人口（10億人）

7
6
5
4
3
2
1

人口

貧困層

1950　　　　2015　年

環境保全のための
輸送の規則を
作れないでしょうか。

損害：国の独立

国際的な貿易規則や協定により、1国がどのような政策や法律を用いることができるかは制限される。他国は、規則を破った国との貿易を停止する。

恩恵：テクノロジー

貿易によって、各国は自国で必要な物をすべて生産する必要がなくなり、得意な分野に特化できるようになった。過去50年あまりにわたって、分業によって世界は急速な技術発展を遂げた。

また、通信が発達した世界では、優れたアイデアや技術革新がすぐに広まる。火薬技術は、中国で発明されてからヨーロッパに届くまでに300年かかったけれど、現代ではありえないよね。

損害：説明責任

世界的な大企業は多くの国で事業を展開しているため、個々の国が大企業に規則を守らせたり、適正な税金を納めさせたりするのは難しくなりがちだ。

恩恵：開発

グローバル化は、中国、インド、インドネシアなどの国で新たな雇用（こよう）と機会をもたらした。これらの国々では、何十億人もの人々が極度の貧困（ひん）から抜け出した。

損害：一部の労働者の失業

企業の多くは、労働者を安く雇える（やと）外国に工場を移転する。そのせいで失業した労働者は、新しい仕事もなく、職業訓練を受けるのもままならないことが珍（めずら）しくない。政府の支援（しえん）がなければ、地方の小さな町や、時には地域全体が、グローバル化の被害（ひがい）にあう。

いいアイデアだ！

損害：炭素排出量（はいしゅつ）の増加

貿易の拡大は、生産や輸送の拡大につながり、二酸化炭素の排出量を増加させ、気候危機の原因になっている。

廃業（はいぎょう）

損害：小国

大きな貿易圏は、自分たちのために有利な取引（けん）ができる。しかし、これは小国が同じ取引で不利な条件を押し付けられる（お）ことを意味する。

恩恵：国際協力の促進（そくしん）

貿易が発展するためには、各国が協力しあわなければならない。国際協力の体制が整えば、移民や気候変動といった大きな問題に取り組みやすくなる。

その条約に調印します！

損害：過剰な特化（かじょう）

ある国（特に貧しい国）が、金、コーヒー、バナナなど単一商品の輸出に特化するように追い込まれることがある。でも、ひとつの輸出品だけに頼る（たよ）のは危険だ。価格や人々の好みが変われば、その国はやっていけなくなるからだ。

あなたの持ち物の中で、輸入品はどれ？

自由貿易は多くの人々や国々を豊かにした。でも問題も引き起こしているんだよ。

101

第8章
大きな問題
（といくつかの答え）

経済学によって取り組むことのできる問題は、ほぼ限りないと言っていい。経済学者たちは、今日世界が直面している大小様々な問題を研究するために、経済学でできることをいろんなやりかたで行っている。

この章では、こうした問題を取り上げる。答えを見つけるための考えるヒントも一緒に見ていこう。

経済学は地球を救うのに役立つ?

石油や石炭などの化石燃料を使用すると、地球温暖化ガスである二酸化炭素が発生する。
人類はこのことを何十年も前から知っていながら、年々、化石燃料を使い続けてきた。

地中から採掘する新しい方法も研究され続けている。

またとないチャンスだ！数千億円もうかるぞ。

2018年、国連の科学者たちは、このまま対策を取らなければ、2030年にも地球温暖化が壊滅的なレベルに達すると警告しました。

私たちは、手遅れにならないうちに変化を起こせるでしょうか？

現状をあえて変えるのは簡単ではない。人々、企業、国は、短期的に自分が貧しくなるような政策を嫌う。

明らかに変化を起こすべき時でも、自発的に犠牲を払うようにみんなの協力をとりつけるのは難しい。

燃料税反対

地球温暖化対策のための税金のせいで、燃料が高い！

最も汚染している富裕国が削減しなくては不公平です。

全部の国が削減しないなら、わが国も削減しません。

市場にまかせるだけでは変化は起きないでしょう。企業や人々は、自分の選択によるコストの全部を負担するわけではないから。

「変化は起きつつある」と言うべきだよ。人は自分が未来に与えている損害について考えるのが、とても苦手なんだ。

でも、今やっていることのすべてを一から作り直そうとしても、時間が足りないし、機会がない。

だから、すでにあるものでやっていくしかない。

絶望しているひまはない。まだ、変化を起こすための時間は残されているからだ。十分な数の人がお金の使いかたを変えようと「選択」すれば、市場と企業はそれに応えて変わっていくはずだ。

個人ができることは……

飛行機に乗らない。飛行機での移動は、二酸化炭素 排 出 (はいしゅつ) の原因のうち、最も急速に増加しているものだ。

肉を食べない。家 畜 (か) の飼育は莫 大 (ばくだい) な量の資源と土地を消費する。

物を捨てる代わりに修理する。これは資源の節約になる。

たとえ高くても地元で生産された商品を選び、輸送による公害を減らす。

しかし、最大かつ最も重要な選択は、社会が行わなければならない。
すべての人のインセンティブを変えるために法律の制定や増税ができるのは政府だけだ。

炭素価格はこんなしくみだ。

あなたの石油による二酸化炭素排出量１トンにつき、10万円を払ってください。

炭素価格（※企業などが排出する二酸化炭素に政府が付ける値段）を十分に上げると、化石燃料の使用と生産はお金がかかりすぎて採算が取れなくなる。これに大反対しているのが…

石油会社。石油を安く売ることができなくなるから。

輸出を化石燃料に 頼 (たよ) っている国々。

安価な化石燃料に頼っている企業や人々。

このような変化を望まない人々は、経済的な理由に基 (もと) づいて「改革には費用がかかりすぎるし、多くの人が職を失う」などと主張することが多い。でも、化石燃料から代替エネルギーに移行するべきであることを示す強力な経済的論 拠 (ろんきょ) があるんだよ。

イギリスの経済学者ニコラス・スターンが発表した報告書「気候変動の経済学」（スターン・レビュー）では、気候変動に対処するためのコストは現在、**世界のGDPの2%**に相当すると推定している。

一方で、気候変動への対処を数十年後まで行わない場合のコストは、**世界のGDPの20%**に達するんだ。どっちが経済的かははっきりしているよね？

戦争はどのようにして始まる？

人類は太古の時代から、幅広い政治的、歴史的、
さらには心理的な理由から、戦争を始めた。
そしてほとんどの戦争では、経済的な理由もやはり大きな要因となっているんだ。

資源

ローマ帝国の経済において、戦争は重要な
要素だった。ローマは征服した地域のぜい
たく品や、鉱山、穀倉地帯から大きな利益
を得ていた。今日、各国は油田などの貴重
な資源を手に入れようと争っている。

ペルシア戦争での
勝利を祝して、
パンをみんなに配るぞ！

国際貿易

19世紀、大英帝国（※当時のイギリス）
は中毒性の高い麻薬であるアヘンを中国
に売って、莫大な利益を得た。
中国の皇帝が国民を守るためにアヘンの
貿易を禁止すると、イギリスはアヘンの押
し売りを続けようと、1839年と1856年
の二度にわたって中国に攻め込んだ。

中国がアヘンを
売るなと言ってきた！
許さんぞ。

欠乏と腐敗

2011年に始まったシリア内戦の原因のひ
とつは、大干ばつだった。水不足のせいで、
シリアの農場は干上がった。農民は都市に
逃れたが、そこでも食料と仕事は不足して
いた。
その上、人々は政府が仕事、食料、資源
を不当に奪い、公平に分配していないと腹
を立てていた。
2011年、政府に対する大規模な抗議行
動が始まった。政府は武器力で弾圧し、
内戦が起きた。

あれはうちの
一家の油井だ。

いや、今では
政府のものだ！

戦争を止める方法

経済学者がゲーム理論（くわしくは p.63 も見よう）を研究した理由のひとつは、
核戦争に勝つ方法を予測するためだった。
その結果、勝つ方法は「まったく戦わない」ことだと判明した。

1945 年から 1991 年にかけて、アメリカと
ソビエト連邦（現在のロシアなど複数の共和
国が集まってできていた連邦国家）の関係
は、両国が強力な核兵器を持っていたことも
あり、非常に緊迫していた。

つまり両陣営とも、敵にとって最も論理的な
手段は奇襲的な核戦争を始めること
だと理解したんだ。

世界の
終わり

理論に基づくと、敵の攻撃を防ぐ唯一の方法は、両国
がどちらも戦争の結果滅亡するとわかるほど多くの核兵
器を作ることだった。

ここでゲーム理論が役に立った。ある有名なゲー
ムでは、両者が相手を裏切るか協力するかを選
択する。

裏切るぞ！
敵に爆撃される前に、
こっちが爆撃
すべきだ！

このゲームから得られる大きな教訓として、相手の
プレーヤーを信用できない場合、最も論理的な結
果は、「常に裏切る」ことだった。

これは「核抑止力」として説明された。

核抑止力によって、相手を裏切る動機が
なくなり、両国は協力しあうようになった。

一部の経済学者は、世界貿易によっても戦争を阻止できると考えている。

他国との貿易が盛ん
になればなるほど、
戦争をする可能性は
低くなるというのが私
の主張だ。

そう、互いに依存し
あう国々は、紛争に
よって失うものが大き
いからね。

それに、他国との貿易
の停止は、戦闘に頼ら
ずにメッセージを送る
方法として使えるよ。

その通り。でも、貿易
の停止によって他国を
罰すれば、戦争と同じ
くらい荒廃を引き起こ
す可能性があること
を、忘れてはいけない。

なぜテクノロジーは重要なのか?

新しい携帯電話をいち早く手に入れるために、店のそばで一晩キャンプをする人さえいる。
しかし、経済学者ほどテクノロジーに騒ぐ人はいないかもしれない。
たとえ、そのテクノロジーが単なる洗濯機でも。

100年以上前の発明以来、洗濯機はこんな影響を引き起こした。

洗濯機は特に家事をする女性にとって、膨大な時間の節約をもたらした。これによって、女性は家庭の外で有給の仕事を得る時間ができた。

洗濯機は女性がする仕事の種類を変えた。1870年代のアメリカでは、働く女性の約50%が家事使用人として雇用されていたが、現在は1%に満たない。

新しい機械やアイデア、手段は、人々の生きかたを変えることがある。
新しい技術はまた、人々がより少ない物でより多くの物を作ることを可能にし、
これは経済の成長を意味する。政府は次のような方法でこれを促進する。

ブロードバンドのケーブルなど、インフラを整備する。

研究を資金援助する。

優れた商品を生み出すアイデアを保護する法律によって、人々が安心して創造性を発揮できるようにする。

仕事はどうなった?

以前は家政婦の仕事があったけど、もう誰も雇ってくれない。

悲しいね、お母さん。でも私は洗濯機で助かっているんだ。

たいていの経済では、新しいテクノロジーによって年間約10%の雇用が失われ、またほぼ同数の雇用が創出される。でも、ある町で工場が閉鎖されると、地域社会全体が失業者だらけになり、政府が支援しない限り、そのコストを個人が支払うことになる。
歴史を通して、人々は「いずれテクノロジーが創出する以上の雇用がテクノロジーによってなくなってしまうのではないか」と心配してきた。これまでのところ、そのようなことは起こっていない。

不平等でいいのだろうか？

経済に関する疑問に答えることができるのは、経済学者だけではない。
例えば、アメリカの哲学者ジョン・ロールズは、不平等についての人々の気持ちを探るために、理想とする「不平等な世界」はどのような世界かを考えてもらった。

1 この世界では、「裕福な人々」と「貧しい人々」とよばれる、同じ人数の2つのグループが存在する。

2 「各グループはどれくらい豊かであるべきか」という問いに答えた後、あなたはどちらかの一員として生きることになる。

3 コインを投げて、どちらの一員になるかを決める。

この実験は多くの国で行われた。そしてどの国でも、参加者には「不平等な世界」を思い描く際に、裕福な人と貧しい人の差を少しにとどめる傾向が見られたんだ。その裏にある考えは……

努力したり、能力を発揮したりした人が報われて豊かになってこそ、公平な世の中だよね。

そうだけど、会社で昇進した管理職が、技術のない労働者の何百倍も給料をもらうとしたら不公平だよ。優秀な管理職だって1日にできることは限られているからね！

とはいえ、不平等はやる気につながるよ。努力、優れたアイデア、リスクをおかす勇気などが評価されないなら、人はなまけてしまう。

でも、自分の収入が他人より低いと知った労働者は、やる気をなくすかもしれない。特にどんなにがんばっても出世できないと思っている場合はなおさらだ。

つまり、不平等はある程度はいいものだけれど、大きすぎてはいけないということだね。

興味深いことに、人々が理想とする「不平等な世界」は、現実の世界よりもはるかに平等だった。さらには、ほとんどの人が、現実の世界についても、実際よりももっと平等だと思い込んでいる。人口の上位20％を占める裕福な人たちについて、2017年にアメリカで行われたアンケート調査に答えた人の考えと、現実との差を比べてみよう。

上位20％が
持つ富は

全体の60％

……と推測されている。

理想の世界では

30％だけ
持つべき

……と考えられている。

しかし現実は……
上位20％が

85％の富を
持っている。

人々が多少の不平等があるのはいいことだと考えているにしても、この現実はかなり不公平だよね。
あなたの国では、裕福になり、成功し、幸せになる機会をすべての人が平等に持っていると言えそうかな？

天然資源はなくなりそう？

地球は毎年、私たちが利用する資源の一部しか補えない。
「グローバル・フットプリント・ネットワーク」というシンクタンクが毎年、
地球が1年間かけて生み出す生物資源を人類が使い果たす日を計算している。

2019年は7月29日で、過去で最も早くその日が
来た。私たちは地球が生み出す1.75倍の速さで
地球の資源を使い果たしたことになる。

同グループは、私たちが消費するすべての物を考慮して、資源の使用量を計算している。
森林による二酸化炭素の吸収量などの資源も含まれる。
また、最も豊かな国の人々と同じライフスタイルをすべての人が送った場合、
地球が何個必要になるかも計算した（2019年時点）。

アメリカ	🌍🌍🌍🌍🌍	地球5個分
オーストラリア	🌍🌍🌍🌍	地球4.1個分
ロシア	🌍🌍🌍	地球3.2個分
日本	🌍🌍🌍	地球2.8個分
イギリス	🌍🌍🌍	地球2.7個分
中国	🌍🌍	地球2.2個分
ブラジル	🌍🌍	地球1.7個分
インド	🌍	地球0.7個分
世界平均	🌍🌍	地球1.75個分

今後も、地球が5個必要になることはまずないだろう。
希少資源の需要が高まれば、その価格は上昇する。
そのため、人々はこれまでと異なる資源を利用し、新しい技術を開発するようになるはずだ。
しかし、地球はひとつしかないから、別の解決策を提案する人もいる。別の惑星の資源開発だ。

太陽系には、私たちが求める量をはるかに上回る資源が眠っている。
現在、宇宙旅行は非常に高価だ。でも技術が向上すれば、
近い将来、小惑星で鉱物を採掘したり、彗星で水を採取したり、
月に鉱山を設置したりすることが、効率的かつ効果的にできるようになる可能性は十分にある。

火星と木星の間にある**小惑星プシケ**は、大部分が鉄、ニッケル、
金などの金属でできていると考えられている。この小惑星は
700,000,000,000,000,000,000 ドル（1京ドルの 7 万倍）の
価値があると推定されている。
これは、地球上の 76 億人がそれぞれ約 920 億ドル
（約 13 兆 4000 億円）を手にするのに十分な価値だ。

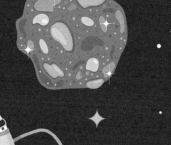

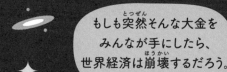

もしも突然そんな大金を
みんなが手にしたら、
世界経済は崩壊するだろう。

火星移住はいいアイデア？

これより経済面でちょっと厳しいのが、人類を火星に送るというアイデアだ。火星はとて
も遠いので、火星に行くには莫大な費用がかかる。宇宙から資源を得るには、もっと
費用のかからない方法が必ずあるはずだ。
しかし、だからといって火星移住計画への挑戦をやめるべきではないかもしれない。
人類初の月面着陸の結果、（少なくとも現時点では）月面移住が実現することはなかっ
たが、宇宙探査への莫大な投資は、地球での生活をよりよくする数多くの発明を生み
出したんだ。例えば……

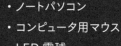

・ソーラーパネル ・ノートパソコン
・ハンディ掃除機 ・コンピュータ用マウス
・形状記憶マットレス ・LED 電球
・CT スキャン ・浄水器
・傷防止ガラス ・粉ミルク
・ワイヤレス・ヘッドフォン
・耳式体温計

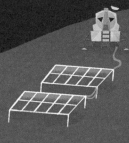

問題は山ほどある

経済学者は多くの疑問について研究してきた。
中には、ふつうは経済学とは関係ないと思われるような疑問もある。例えば……

何月生まれがお得？

北半球では、9月生まれはラッキーだ。9月生まれは自信があり、大学に進学する可能性が高く、刑務所に入る可能性が最も低いことが研究により明らかになった。

ほとんどの国では学年が9月に始まるので、9月生まれはクラスで最年長となる。特に低学年のうちは、わずかな年齢上の利点が大きな差につながり、自信が生まれてその後も維持される。

私は体の大きさと強さでは誰にも負けない！

同じ現象がスポーツにも当てはまる。例えば、ヨーロッパのプロサッカー選手は1月生まれが多い。年齢別サッカーのシーズンは1月に始まるからだ。

アメリカでは、プロ野球選手は同じ理由で8月生まれが多い。

飢饉の原因は？

ある町や地域、あるいは国が、国民を養うのに十分な食料を確保できなくなることを**飢饉**とよぶ。インドの経済学者アマルティア・センは多くの飢饉を分析し、驚くべきことを発見した。

飢饉は食料が足りないから起きるのではない。

食料や労働力の価格が変動し、人々が家族を養う余裕がなくなるから起きるのだ。

豊富な食料が生産されている時でも、飢饉の発生はありうる。なぜなら通常、飢饉は食料配給の問題によって引き起こされるからだ。

セン自身、1940年代にベンガルで飢饉を経験した。米は豊作だったのに、数百万人が亡くなった。労働者の賃金が食料価格の上昇に追いつかなかったのが原因だ。

センは画期的な研究の功績が認められ、1998年にノーベル経済学賞を受賞した。

最初に思いついた答えを信じるべき?

「テストでは最初に考えた答えが正しいことが多い」と信じている生徒が、75%に達するという研究結果がある。

残念ながら、この考えは間違いだ。「答えを変えたほうがいい」という直感に従う人のほうが、点数が上がる傾向があると、100年間にわたる実験で実証されている。答えを変える場合、間違っている答えを正しく直していることのほうが、その逆よりも多いんだ。

フランス革命は1776年だっけ?

それとも1789年?

インスタグラムのインフルエンサーはなぜあんなに成功できる?

インフルエンサーとは、ソーシャルメディアを使って自分のライフスタイルを売り込んだり、商品を販売したりする一般人を指す。インフルエンサー経済は、世界中で数十億ドルの価値がある。

インフルエンサーの成功の大きな理由は、意外なことに、すでに100年以上前からわかっているんだ。発見したのは、ソースティン・ヴェブレンという風変わりなアメリカの経済学者。

ヴェブレンは、人は自分の富を誇示するために物を買うのが好きで、自分には買えないような物を買えるようになりたいと憧れると指摘した。そして、これを**見せびらかし消費**とよんだ。

過去の人々は隣人たちに自分を印象づけようとしただけだったが、現代のソーシャルメディアでは、成功したインフルエンサーは何百万人ものフォロワーをもつ。多くの企業が、このことがもたらす宣伝効果を認識している。

インフルエンサーのしくみは……

企業は、高価な服や小物(例えばサングラス)をインフルエンサーに無料で提供する。

2万円

インフルエンサーは動画でそれを身につける。フォロワーは、一見ごくふつうの人が、クールで高級なサングラスをかけているのを見る。

ファンはインフルエンサーをまねしたくて、自分も同じサングラスを買う。

インターネットでは、高価な商品の衝動買いが数回のクリックでできてしまう。だから気をつけよう。しかも、巧妙なマーケティングはそこらじゅうで見られるからね。

何が取り残されるのか？

人々がお金の使い道を決める時、企業が誰を雇うかを選ぶ時、
政府が経済を管理しようとする時、一部の人や物事が取り残されることがよくある。
例えば……

非公式な市場

労働者や企業の一部は、公式に登録されていない、税金を納めていないなどの事情で表向きは存在しないことになっている。その結果、政府にとっては経済を正確にはかることや、企業の規制や労働者を保護することが難しくなるんだ。

ちゃんと店を持ちたいけど、
政府の営業免許がないから
銀行からお金を
借りられないんだ。

赤ちゃんの
世話に一生懸命
なのに、誰も
報酬をくれない。

女性

特定の集団を無視すれば、政府が不公平な決定を下すことにつながる。例えば、政府が就学前教育への支出を削減すると、男性よりも女性が大きな影響を受けることが多い。

育児が大変だから、
仕事に復帰するのは
難しいな。

人種

ジェンダーや人種を理由に人が同じ機会や賃金、権利を得られない場合、それは差別とよばれる。

ごめんなさい、
ただ、わが社にふさわしい
人材ではないので。

見た目があなたに
似ていないから？

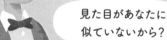

このような差別があると、特定の集団の失業率が高くなり、企業は多様な人の才能を生かすチャンスを逃すことになる。

銀行

つい最近まで、経済学者は国の経済モデルを作成する際、銀行を無視することが多かった。銀行の業務が複雑だからという理由もあったが、銀行は全体として「人々の貯蓄や借り入れを助ける」という単純な仕事をこなしているだけだ、と考えられていたからなんだ。でも、2007年に世界経済に影響を及ぼす銀行危機が起こると、そうではないことが明らかになった。

> この時、多くのアメリカやヨーロッパの銀行が、巨大なリスクを取って大損をし、破綻寸前まで追い込まれた。

> 銀行は融資を停止し、企業は閉鎖され、多くの人が仕事と家を失った。多くの国で不況が起きた。

> 経済学者は、この危機の結果をモデル化し、解決策を提案しようと奮闘した。

> それ以来、経済学者たちは銀行がもたらすリスクのモデルを作ろうと試みている。

> そして各国政府は、銀行がリスクを最小限にするよう義務づける規則を設定したんだ。

> この木材が必要だ!

> 切らないで!人間のために必死に働いているのに。

自然

私たちは自然の営みを当たり前のものと思いがちだが、すべての生産は、必要な資源を得るために、また廃棄物を資源に戻すために、自然に依存している。例えば……

木は汚染された空気をきれいな空気に変える。

土壌は水をろ過して浄化する。ほとんどの作物は、土壌があるから育つ。

捕食動物は農作物に被害を出す虫を食べてくれる。

もしも消費や生産の方法が、多くのむだを生み出したり、資源を使いすぎたりすると、自然が私たちのためにしてくれている働きを脅かすことになる。経済学者はこれを「外部性」（p.64を見よう）とよぶ。こうした経済の「隠された」部分は、ますます研究が盛んになっている。

大きな問題

経済学者の中には、「成功する経済とは何か」というような
大きな問題について議論する人もいる。

成功する経済とは、
地球環境(かんきょう)を傷つけることなく、人々の
基本的ニーズが満たされる経済だと思
います。ドーナツに似ていますね。

イギリスの
経済学者、
ケイト・ラワース

ちょうどいい

小さすぎると……
ドーナツの穴の部分。人々
の基本的なニーズや権利
が満たされていない。

大きすぎると……
環境への負担が大きすぎると
ドーナツの外にはみ出し、
水不足などの問題が出る。

豊かで GDP が高い経済が、
成功している経済だと思います。

アメリカの経済学者、
リチャード・イースタリン

人々の幸せが、
その国がどれだけお金を持って
いるかよりも重要ではないかな?

でも、公園、きれいな街並み、
健康など、人々を幸せにする要素の
ほとんどは、お金がかかりますよね。

とはいえすべてではない!
裕福(ゆうふく)な国が必ずしも幸せとは限らないし、人々を幸せにするの
はお金だけではない。選択(せんたく)の自由、政府への信頼(しんらい)、
人々が支えあうコミュニティも、すべて重要です。

アメリカの
経済学者、
ベッツィー・
スティーブンソン

正解はひとつではないんだよ。多くの国の政府は、これらの異なる経済学者が
主張する「成功している経済」の条件を、すべて満たそうと努めている。

小さな問題

もっと小さくて具体的な問題に焦点を当てている経済学者もいる。2003年、インドの経済学者アビジット・バナジーと、フランスの経済学者エステル・デュフロは、アブドゥル・ラティフ・ジャミール貧困アクション・ラボ（J-PAL）の設立に協力した。このラボでは、「マラリア予防のために蚊帳を使う人を増やすにはどうすればいいか？」といった問題に対する実践的な解決策を実験している。

問題：マラリアは感染した蚊によって媒介される病気だ。2017年には2億1900万人の患者が発生し、約43万5000人が死亡した。

寝る時に殺虫剤で処理された蚊帳を使うのは、マラリアの予防に効果的だ。でも、蚊帳を持っていない人が多い。

質問

> 多くの人が蚊帳を使うようになる値段は？

→ 無料？

→ 少額でも自腹のほうが、ちゃんと使う？

> 貧困アクション・ラボは、解決策を推奨する前に、それが実際に機能するという証拠を見つける、という取り組みをしています。

> 医薬品の試験に使われる方法である「ランダム化比較試験」を応用します。同じような人たちの集団を無作為に2つに分け、それぞれに蚊帳を無料または60円で提供しました。

> 蚊帳が有料なら、価値が高く感じられて、実際に使う人が多くなるのではないかと考えました。

ケニアで、蚊帳の値段が利用にもたらす影響をテストするため、人々を無作為にグループAとグループBに分け、それぞれ次の条件で蚊帳を提供できると伝えた。

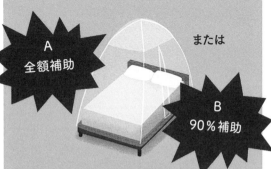

A 全額補助

または

B 90％補助

結果は、Aのグループでは65％が蚊帳を受け取ったのに対し、Bではわずか15％だった。つまり実際には、蚊帳は無料で配るほうが効率がよかったんだ。

世界を理解する

世界は大きいし、常に変化し続け、複雑だ。
経済学とは、そんな世界を理解する方法を見つける営みなんだ。
ここではその中から、数字の使いかた、
事実について疑問を投げかけることなど、考えるヒントやテクニックを紹介しよう。

比較

ひとつの数字だけを見ていても、その大きさや小ささを知るのは難しい。だから、他の数字と比べるといい。

クーリエ新聞

2017年、161人がワニに殺される

一見こわい話だけど、他の動物に比べれば、ワニの被害はとても少ない。例えば、蚊は病気を媒介し、マラリアだけで毎年約40万人の命を奪う。

分割

大きな数字を理解するには、合計、例えば全人口の数で割るといい。こんなふうにね。

> 中国は2017年、アイスランドの2720倍の二酸化炭素を排出しました。

> それはひどい。中国は地球の汚染をやめなくてはなりませんね。

でも、国民数で割って1人当たりの二酸化炭素排出量を比べると、アイスランドは中国の1.5倍だ。そう考えると、問題の見えかたが変わるかもしれないよ。

尺度の偏り

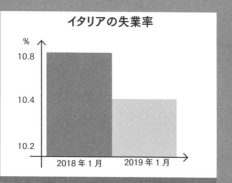

イタリアの失業率

このグラフを見ると、失業率は1年で半減したように見える。でも実はわずか0.4%しか下がっていない。

欠けているか、古いデータ

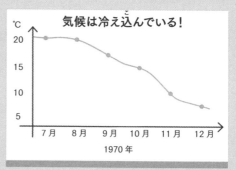

気候は冷え込んでいる！

グラフでは確かに気温が下がっているが、夏から冬にかけての半年だけの気温を示しているのだから当然だ。しかも50年あまりも前のデータだ。

一般化、つまり人、物、国の全体についてひとからげにする言いかたには気をつけよう。

この国はとても暴力的だ。毎日、犯罪者のニュースばかり。お金をかけて警察官を増やさなくては。

実際には犯罪率は低下しているよ。過去20年間下がり続けているんだ。

結論を急ぐ前に、常に事実を確認すること。

必要な時は自分の考えを変えて、新しい考えを受け入れる姿勢を持とう。これは、簡単に他人に流されるのとは違うよ。

でも、あの団体は税金を払わなくていいと思うよ。

よくも私の意見に反対してくれたね！もう絶交よ。

だって、彼らがお金を使うのは慈善活動だもん。

そっか！そこは考えてなかったなあ。

他の人や企業の選択を非難するのではなく、背景にある理由を探ってみよう。

インセンティブが何だったかを考えるんだ。

これから他の人がする選択を変えたければ、インセンティブを変える方法を考えてごらん。

インセンティブを変えない限り、おそらくまた悪い選択を繰り返すだろうから。

次はどうする？

経済学はとても複雑だ。でも、この本を最後まで読んだ君は、経済学を理解し、
自分の生活に役立てるためのツールを手に入れた。経済学はこんな目的で使えるよ。

政治家の責任を追及するために……

減税し、支出を増やします。

それじゃ問題は解決しないよ！

……そして親の言いなりにもならないために。

部屋を掃除しなさい！

機会費用はどうかな？
その時間で宿題ができるよ。

難しい問題を理解するために……

スーパー

各国政府が協力しあって、多国籍企業に課税しなくちゃ。

許せない。ネットで買い物はやめよう。

NEWZ新聞

ネットの大手業者、たった17億円を納税

商店街の危機
中小企業が苦境に

……そして、どう解決するかを話しあうために。

用語解説

ここでは、この本で使われているいくつかの用語について説明する。
傍点が打たれている用語は、他の項目で説明されている。

あ

インセンティブ　人々が特定の選択をすることをうながす報酬。お金とは限らない。

インフラ　道路網、送電網、警察力など、地域社会の人々がすべて必要としているが、その代金を直接支払うことはほとんどないもの。

インフレ　物事の価格が時間の経過と共に上昇し、貨幣の価値が失われること。

か

外部性　生産者ではなく、周囲の人々が負担するコスト。製品の価格がその真のコストを反映していないため、これは市場の失敗である。

寡占　少数の企業だけが市場を支配する状態。

関税　ある国で製品を販売する場合に、その国の政府に支払わなければならない税金。

機会費用　人がするあらゆる選択は、他のことをしないことを選択したことを意味する。取られなかった選択は機会費用とよばれる。

希少性　ほとんどの資源や製品が需要を満たすのに十分ではないという事実を指す。希少性のせいで、人々は何を手に入れたいか、どのように分けあうかを選択しなければならない。

規制　市場を公正に機能させ、事業が強力になりすぎないようにするために政府が設定するルール。

供給　ある物の市場で買える量。

共産主義　政府が生産をコントロールする経済システム。

グローバル化　国や企業が世界中でつながりを深めていくプロセス。

経済　消費、生産、取引を共にする人々の共同体。

公共サービス　政府が集めた税金で費用を負担し、政府によって全員に提供されるサービス。

効用　人々が様々な選択について考える価値の計算。

国内総生産（GDP）　ある国のすべての人々や企業が生み出した富の総量。

コスト　企業が生産に費やす金額。

混合経済　政府と企業の双方が物を生産する経済。

さ

資源　人々が生きていくために必要なものや、生産のために使用するものすべてを指す。

市場　人々や企業が物を売買するありとあらゆる場所。店舗からオフィス、インターネットまでを含む。

市場の失敗　市場において、買い手や売り手にとって不公平または安全でないものがある場合をいう。

失業率　経済において、特定の時点で働きたいのに職を持たない人の割合。

資本　お金だけでなく、複雑な技術や巧妙なアイデアなど、物事をより効率的に生産するのに役立つもの。

資本主義　政府ではなく、個人や民間の企業が自由な生産活動をする経済システム。

収益　事業が何かを生産することによって得るお金。

需要（じゅよう）　どれだけの人がある物を持ちたがっているか。

税金　市場で商品を売買する際に、個人や企業が政府に支払うお金。

政策金利　通常は中央銀行が決定する数字で、お金の貸し手が借り手に課す利子の額。

生産　ある資源を何かに変える過程であり、通常は取引するために行われる。

た

独占　単一の企業が市場を独り占めして支配する状態。

特化　個人、企業、または国が、ある物を生産することに集中し、他の物を生産しないこと。

取引　人々が自分の余剰を互いに交換しあうこと。

は

貧困（ひんこん）　人々が食料や住居などの基本的な必要を満たすだけの十分なお金を持っていない状態。

不平等　一部の人々や国が、平均して他の人々や国よりも裕福（ゆうふく）であること。

貿易圏（けん）　2つ以上の国が、関税や規制の共有など、市場に影響（えいきょう）を与える特定のルールを共有することに合意すること。

貿易戦争　2つ以上の国が互いの製品に対して関税をかけること。

補助金　政府が人々や企業に支払うお金という形のインセンティブ。

ま

マクロ経済学　国全体、あるいは世界全体に影響を与える選択についての研究。

ミクロ経済学　企業、家計、小さな経済が行う選択についての研究。

モデル　現実を単純化して、アイデアを試（ため）したり、疑問に対する答えを見つけたりする方法。

や

余剰（よじょう）　個人、企業、または政府が、ある資源や製品を必要以上に持っていること。

ら

利益　収益からコストを差し引いた後に企業が得るお金。

利子　借りた総額に上乗せして、人や企業、政府がお金を借りた相手に返す金額。

労働　肉体労働から、アイデアを考えたり、人に指示を出したりすることまで、人が何かを生産する時に行うありとあらゆる仕事。

経済学の仕事

経済学は、人間から市場、政府まで、様々なものがどのように機能するかを理解しようとする学問だ。経済学を学んだ人は、幅広い種類の職業に就いている。その多くは非常に高給であり、中には非常に大きな力を持つ仕事もある。

会計士

個人、企業、あるいは政府が、どれだけのお金を稼ぎ、貯め、使ったかを正確に記録する。

株式ブローカー（株式仲買人）

顧客 の代わりに証券取引所で株を売買したり、顧客に売買のアドバイスをしたりする。

金融アナリスト

市場や企業、政府の規制などを研究し、それらがどのような影 響 を及ぼすかを予測する。

経営コンサルタント

企業などの組織がより効率的に運営する方法を見つけるのを手助けする。

経済学者（エコノミスト）

経済学を研究し、経済学について書いたり教えたりすることもある。

建築積算士

建設プロジェクトのありとあらゆるコストレベルを監督する。

公務員

政府や地方自治体のために働き、政策遂行や国の効率的な運営を助ける。

事業開発担当者

企業などの組織が成長する方法を見つけるのを手伝い、企業どうしの関係を改善するのを助け、すべての企業が成長できるようにする。

政策立案者

世の中をよりよく、より公平に機能させる方法を考え出し、テストする。

政治家

人々や政党の意見を代表し、政策に基づく法律を作る。世界の数多くの国で、経済学を学んだ人が大統領や首相になっている。

チーフ・エグゼクティブ

企業などの組織の運営責任者。

データサイエンティスト

ありとあらゆる種類の情報を調査し、その情報が何を含んでいるかを分析し、それを人々に提示する。例えば、政策がどの程度機能しているかをテストする。

投資アナリスト

市場や利益を研究し、人々や企業が資金をどのように投資するのが最善か判断するのを手助けする。

フォーキャストアナリスト

海運など特定の業界を研究し、いかに効率的に運営できるかを分析する。

保険数理士

様々なできごとが、将来どれくらいの確率で起こるか、例えば、人がどれくらいの期間生きられるかなどを計算する。

さくいん